B級ルアー列伝 参 |Dab

135の兵たち

CONTENTS

定番にして異端

RATTLE TRAP HYPOCRITE

ラトルトラップ・ヒポクリット

Bill Lewis Lures

[ビルルイス・ルアーズ] 70年代後半〜80年代

もはや説明の必要なぞ微塵もない、ド定番にして盤石の安定感。ビルルイスの前身、レッドリバー時代からラインナップされるモデルは、歴史の深さからもその驚異的な完成度がうかがい知れる。今現在も第一線で投げ続けられるザ・ワーカホリック・バイブレーション、ラトルトラップ。

ここに登場するのは意外だと思う方が大半でしょう。しかし物事には理由がある。実はこの個体、80年前後のオールドなんだけど、ともすりゃ一見なんでもない普通のラトルトラップ。でもね、反対側を見てみると…、別の

カラーが施されているワケでございますですよ！ 一瞬エラー品だと思うでしょ？ ところが当時ちゃんとリリースされたヒポクリット（裏表のある人）という、いわばメーカー純正のカラーチューンなんですね。

これ、ユーザーが自由にカラーを選択できるオーダー制で、手間ヒマ的には結構大変だったと思うんだけど…。いや、片方塗ったら他のカラー担当に回せばいいから、オーダーミスのほう

このカラーの組み合わせはボクが持っている個体の他にもあるので、おそらくヒポクリットカラーのパイロット版として売られた非オーダーカラーだと思います。どこかの誰かがオーダーしたヤツ、見てみたいなあ。でも、そんなのはワクワクでオーダーするくらいの人だから、大抵攻めてロストしちゃったりして、なかなか出てこないんだろうね。

が怖かったりして(笑)。

　いずれにしろ面白いのはシリアスなラトルトラップでやっちゃったところ。つまりお遊びでなく大マジメだったのではないかと。例えばインレットなどで濁りが入ってしまい、くっきりと水中に壁が出来ているところや、シーバスをやる方なら常識ともいえる明暗の境目など、そんな場所を攻めるための "あしゅら男爵"。

　ただ、レギュラー定着出来なかったことを考えると、左右でカラーの違いを意識する場所と人はそれほど一般的ではなかったということか。

腹側も背中側もキメラカラーでまっぷたつ。これをカラーオーダーでやっていたことに驚き。例えばアメリカでは小さなショップレベルのノベルティルアーが見つかるけど、こういう小回りの利いたサービスを見るにつけ、いかにバスフィッシングが愛されていたかがわかるよね。しかし恐るべしビルルイス、一切の妥協・手抜き・ぬかりナシ。

これほどの普遍的なモデルでも用途が尖ると姿を消すのは早い。でも、記憶に残るのは絶対に君のような局地的スペシャリストなんだよ。ボクの中では間違いなくそうなんだから。

天才度 ★★★★★
B級度 ★★★★
『攻めるなら左右入れ替えたのも
欲しくなっちゃうね』度 ★★★★★

この、ともすりゃ壊れてるんじゃないかと思うくらいグラグラなプラスティックパーツがサウンド発生装置だとはお釈迦様でも思うめえ。しかしよくぞ考えついたなあ。欲求と制限は発明の母なり。

オザークー族の証し、ビー玉アイは潜りものにも必須。むしろ潜りものにはもってこい。そんな気もしないでもない。こんなに大きくつぶらな瞳ならばさぞかしアピール度も高かったことでしょう。

コスト追求の賜物

WOOD MASTER

ウッドマスター

Ozark Mountain

［オザークマウンテン］年代不明

　ビー玉アイが燦然と輝くこのお方。その筋には地味に人気なオザークマウンテン謹製、ウッドマスター。おそらくはリップ違いで数種あったと思われるこのクランクベイト。特徴的なビー玉アイはともかく、パッと見「なんだこれ？」とすぐに気づくのはテイルのプラスティックパーツ。後方に向かってフレアしている様子からウォブリングが激しくなっちゃったりするとか、初めは何かこう、革新的な制御系のパーツなんじゃないか、と思ったんですね。

　が、しかし。このウッドマスターを前に友人とあれやこれや話しているうちに、「〇〇〇なんじゃないの、これ？」という言葉を友人から引き出すことに成功。ならばと泳がせてみると見事にビンゴ、素晴らしい推理だね、金田一クン。

　で、一体なんだったかというと、その答えは"ラ・ト・ル"。そういやテイルのヒートンより大きめの穴でグラグラ振れるようについていたっけ。オザークマウンテンはご存じのとおり、ウッドルアーがメインのメーカー。潜りものでラトル音が欲しければ当然仕込むワケなんですけど、

　おそらくは同社トップウォーターのブランク流用と思われるこのボディ。出来れば左右分割なんてしたくないし、もっと言ってしまえば穴開けてボール仕込んで、なんて死んでもやりたくない（笑）。どうにかカンタンにラトル音出せないものかなあ、という思いがこのパーツを生み出したんでしょう。

　もっとも、カタカタ鳴るようにいろんな形状のパーツを試したんだろうし、穴の大きさや深さとテイルの太さの関係であるとか、ちょうどよく振れるように試行錯誤した跡がありありと。結果的に工程はラクになったんだろうけど、そこに至るまでは大変だったろうね。

天才度 ★★★★
B級度 ★★★★★
『必然なる非凡アイディア』度 ★★★★★

古くから我が国のルアーフィッシングを支え続けてきたオリムピック。いち早くヘドンやエヴァンスらを紹介し、ハンドメイドミノーを発泡に置き換え量産化するなど、その精力的な活動はシマノ、ダイワ、リョービと共に確実に一時代を築いた。昔のカタログを見てるとね、とにかく豪華絢爛、百花繚乱。当時、次はコレを買うんだと慎ましやかな思いを馳せていたからね（笑）。

さて、そんなオリムピックも御多分に漏れず、輸入品だけでなくオリジナルラインナップを展開していたんですが、その中でも難易度高めなグレートハンター。同社モックポップのボディをベースとした、いわばバリエーションとも言えるモデル。

ところがモックポップと同時期に販売された形跡はない。見てのとおりモックポップは四肢のフェザーにウィードレスガードつきのシングルフック。対してグレートハンターはラバースカートに2つのダブルフック。スカートをつけるためにボディ後部を延長しているため、金型をいじったのではないかと。よく見るとモックポップの手足用の穴の跡が残っていたりするからね。となると当然モックポップは作れない。したがって同時期販売は出来ない、と。

じゃあナゼそんなことをしたのか。金属パーツをふんだんに使ったコネリーが極力パーツを減らしたコネリーⅡになったように、多分、コストと工程をシンプルにしつつウィードレスコンセプトを活かした結果なのかと。一方でちゃんとアクションするようにラインアイの位置は変更されていて、そのあたりキッチリぬかりないのはさすが。前任のモックポップは販売期間が長かったからたまに見かけるけど、グレートハンターはあっというまに販売中止になってしまったので、今となってはなかなか出会えないルアーのひとつ。もっとも、出会いたいと願うほうも希少種だと思うけどね（笑）。

メーカー魔改造の理由
GREAT HUNTER
グレートハンター
Olympic
［オリムピック］90年代前半

このアングルで比較すれば一目瞭然、モックポップのボディがあったればこそ。なんていうか、車でいうとビッグマイナーチェンジ（笑）。

天才度 ★
B級度 ★★★★★
『グレートハンターをハントしたい』度
★★★★★

目からウロコの流用パーツ
TURBO
ターボ
The Producers
[ザ・プロデューサーズ]
90年代〜2000年代

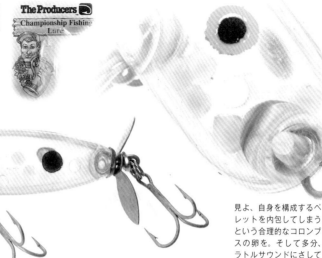

原寸大

見よ、自身を構成するペレットを内包してしまうという合理的なコロンブスの卵を。そして多分、ラトルサウンドにさしてこだわりのない様を(笑)。

勇ましくも効きそうな、それでいて安直な名前がどうにもビリビリくるこのお方。帽子のオジサンとフックのマークでおなじみの名フォロワー製造機、ザ・プロデューサーズが貴兄に贈る、釣行気分もブーストアップしちゃいそうなその名もターボ。…しないか(笑)。

言わずもがなのトーピード系のシングルスイッシャーはもはや定番中の定番。ザ・プロデューサーズに限らず様々なメーカーからリリースされてきたんだけど、ちょっと面白いのはその中身。

ボクは貧乏性なせいか塗装の単純なクリアやレッドヘッドがあまり好きじゃないんですね。でも、そのクリアだからこそ発覚した事実。いわゆるシャラシャラ系ラトルなんですが、自らのボディを作るための前段階のものがその役を担っている。つまり成型前のペレットをそのまま流用しているワケですね。これには感心、感動、感無量。それだけで欲しくなっちゃったもの。

じゃあ見どころはそこだけかというと地味に特殊なサイズのワッシャーをテイルに採用していたり、わりとキンキンのジンクフックを奢っていたりと、我が国でも極めて安価に出回っていたルアーとしてはなかなかどうして。実際に使ってみるとわかるけど過不足なく、いや、むしろよく釣れるルアーだと思います。興味の湧いた好き者がいたら先にも触れたとおり、テイル部分の大きなワッシャーが目印なので目を皿のようにしてチェック入れてみてね。ちなみにこれは3/8ozですが、1/4ozも同じワッシャー使用だったかと。ここならボディサイズやカラーに関係なく特定出来るはず。

とは言うものの世間的には一生懸命探すほどのものでもない。じゃあそれは一体誰が決めるのか。そう、アナタ自身が決めるんです。

天才度 ★★★　B級度 ★★★★★
『お米が入ってる！と娘も大騒ぎ』度
★★★★★

嫉妬を覚えるカラーリング
BASS BOY
バスボーイ
Sankei Bait
［サンケイベイト］80年代

　ルアー史上、屈指のカラーリングだとボクは思ってる。前後から引けるコブラのコピー、サンケイベイト・バスボーイ。以前、ナチュラルカラーのものをB列壱で触れたけど、その後このカラーを見つけたので再登場。先のものとはテイストがずいぶん違うんですね。

　かたやクリアボディ＋ナチュラルカラー、かたやベタ塗りの手足つき。言ってしまえばベースはアクションルアーズやヒノウエ・コブラ。いわゆるパチモノの類いですが、まずこのチョイスがズルい。そして遊び心と非凡なカラーリングセンスが高いレベルで絡みあい、さらにボディ形状とこれ以上ないくらいのマッチング。他のボディじゃまず成立しなさそうだもの。

ちゃんとオシリにヒートン刺せるようになってる！　逆引き出来なきゃコブラ…、いやいやバスボーイじゃないよね。

　こう塗られちゃうと上からのアングルはカエルにしか見えなくなっちゃうし、エッジを境にサイドに手足を描くなんて、このカラーを思いついた人は本当に素晴らしい。例え深く考えていない偶然の賜物だったとしても、その魅力を左右するファクターとなり得ない。だってアウトプットでこの姿なんだから、いきさつなんてもはやどうでもいい（笑）。

　もちろん本物のカエルはこんな手足のつき方じゃないし泳ぎも全然違う。でも、それを言うのは無粋というもの。でないとフロッグカラーのルアー全てにケンカを売るのと同義だもの。そしてこれをコピー品だと笑う人もいるかもしれない。それでも初めに言ったとおり、ボクはルアー史上屈指のカラーリングだと強く思う。この手のものは本物かどうかはともかく、胸にささるかどうか、なんだよね。

カラーセンスの天才度 ★★★★★
B級度 ★★★★★
『いい加減な塗装テンプレートも素敵』度
★★★★★

兄と弟、性格の違い
BASS MAGIC POPTAIL
バスマジック・ポップテイル
Loon Country Lures
[ルーンカントリー・ルアーズ] 90年代

　一見してどんなヤツだかなんとなく想像できる、ルーンカントリー・ルアーズのバスマジックポップテイル。ロッドアクションを加えるともちろんポップなテイルになるんですが、普通のリトリーブでの"テイルでポコポコ"というのを想像するとアレッ？となるかも。回転軸のずれた小さなバイブレーションを伴ってテイルは回転してくるけど、派手な音はほとんど出ていない。音を期待して速く巻くと、ボディも回転しはじめちゃうし（困）。テイルカラー上下の明度の差で激しい明滅効果は期待出来るけど。だけどボクら、この手のアクションだと安心できなくて、見た目から感じる派手な音系に近づくようにいじったりしちゃうじゃないですか。ひょっとすると作った側ですら初めはそれを期待していたのかもしれない。回転させるだけならばこんな羽でなくともいいはずだから。でも、今のご時世ならこっちの静かで微妙なアクションのほうが効くような気がするんですね。

　…と、ここまで書いておきながら、実は大きいサイズのマスキーマジックポップテイルはえらい爆音系で、グワッパ！グワッパ！というけたたましいビッグサウンド。ターゲット、ボディサイズは違えど同じフォーマットでこの性格の差…。よく大きいボディのほうが狙いを具現化しやすいというけど、果たしてルーンカントリー・ルアーズの真の狙いはいかに？

　話変わって個性的なカラーリングもここんちの魅力のひとつ。我が国に入ってきたルーンカントリー・ルアーズのそのほとんどにカスタムの銘が入っている。ちなみに下のカラーはパーチとカスタム、2つのチェックボックスに印があることから、おそらくカラーリングのことだと思うんだけど、ただのパーチと一体どこが違うんだろう。それともカスタムは別の何か？ちょっと気になるなあ。

天才度 ★★
B級度 ★★★★
『兄より優れた弟なぞ存在しな…』度 ★

素朴ととるか、粗雑ととるか
POP-A-TOP
ポップ・ア・トップ
Indian Minnow Lures ［インディアンミノー・ルアーズ］年代不明

原寸大

ぼくとつな風合いとメーカー名が妙にマッチしていると感じてしまう、インディアンミノー・ルアーズのポップ・ア・トップ。ハンドメイド、ハンドフィニッシュドとの謳い文句のとおり非常に荒々しい仕上げが魅力のポッパーなんですが、3/8ozという体躯のわりに、この手のウッド製ポッパーらしい重たいポップ音を奏でるトップウォーター。多分、比較的最近のものだと思うけど詳細は不明でございます。少しスラントしたカップ面のおかげで（つまり受け口気味）、リトリーブ時は小刻みにウォブリングしつつ泳いでくる。ティンセル付リアフックも相まって、実は意外と芸達者なのかもしれません。

　さて、この荒々しく勇ましいポッパー、よく見ればプロポーションは微妙に違うし、ベースこそエアブラシで吹いているものの、パターンは完全なる手描き。特に決まりごとのない感じで、右と左ですでにフリーダム、バラバラなの（笑）。でも、どれもちゃんとポップ・ア・トップのカラーラインナップとして成立しているこの面白さ。

　今はなんていうか、綺麗ならばえらいとか、ボディラインやパーツひとつとってもなにがしかの意味を求められ、作り手すら自ら求めてしまうツライ時代じゃないですか。さらに売り文句の中に買う理由を見つけ、そして安心したい時代。遊びの中で遊ぶ余裕のない流れ、とでも言ったほうがいいか。

　少なくともちょっと前までは「こんなルアーで釣れちゃったよ」なんて言われることはなかったし、こんなルアーも普通に投げていたんです。え、少し前っていつの話だって？　それは…、だからちょっと前の話ですってば（苦笑）。

天才度 ★★★　B級度 ★★★★
『世にひとつとして同じ個体ナシ』度 ★★★★★

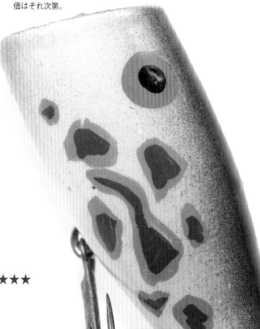

NAME POP-A-TOP
COLOR DESERT STORM　SIZE 2½"
Made in USA

☒TOP WATER　□SHALLOW DIVER　□DEEP DIVER

すみません、デザートストームは左ページ上のカラー。撮る時入れ間違えちゃった（汗）。

荒々しい手描きの塗りをどうとるか。アナタのインディアンミノー・ルアーズへの評価はそれ次第。

水際のトットちゃん
RATTLE TOT
ラトルトット
Storm
[ストーム] 90年代〜2000年代

　ストームが誇る嵐の釣果を呼ぶクランクベイト、ホッテントット。我が国のバスフィッシング黎明期には欠かすことのできない、当時のルアー本には必ずといっていいほど掲載されていたいわば不動のクリーンナップルアー。水平に近いリップや浮き角から急潜行するイメージだったのか、岩盤を攻めるべし的な紹介が多かったですね。確かに下げ姿勢の角度は大きいんだけど、実は潜航深度は見た目ほどではないので、そのことをなんとなくでも意識するといいことが起きるかもしれません。

　で、そんな有名人をビッグマイナーチェンジしたのがこのラトルトット。ボディを左右に広げてラトルルーム確保という、実はそれ専用のボディにこれまた専用リップを奢った完全新規の入魂ルアーなんですね。名作＋ラトルなんてまるで鬼に金棒を体

　現するかのごとく、なんてその時は思った。でも、ホッテントットの人気に並ぶほどだったかどうか…。偉大な先人に対し蛇足感が強かったのか、はたまたラトルトットというわずかなひねりもない、足し算引き算的なネーミングのせいか。

　でもね。以前、足場の高いポイントからタックルを落とした友人のそれを救うがため、ラトルトットを引きまくったんですね。水深はそれほどでもないので可能性は十分。リップは底を叩き、根掛かり覚悟で引くも一向にタックルはかからず、かわりに上がるのはバス、バス、そしてバス…。「釣ってばかりいないで助けてよ！」いや、本当にタックル狙いで投げてるから。結局、あれよあれよとボクが2ケタ釣るかたわら、友人自らもうワンセットあったタックルで無事救出。帰りの道中、尽きることのない友人の恨み節を浴びつつ、凄まじい結果を出したラトルトットをまじまじと見つめていたワケです。

　あ、今思えば恨みごとを言われる筋合いはないよね。だってタックル落としたのは自分なんだし、こっちはリスクをものともせず、協力してひたすら投げまくったんだから。思いだしたらなんだか腹がたってきちゃったよ（笑）。

天才度 ★★
B級度 ★★★
『水中のタックルで
ヒラ打ちしまくり
だった？』度 ★★

カワイイ＋カワイイは、やっぱりカワイイ
HERTER'S
ハーターズ（名称不明）
Herter's Inc.
［ハーターズ・インク］70年代

　ルアーからロッドやリール、アウトドア用品に至る総合カタログ通販会社だったハーターズ。その多岐に渡る商品展開は、今で言えばバスプロショップスやカベラス。通販会社と実店舗販売の違いこそあれ、我が国では上州屋スタイルが近かったのかな、と。

　さて、ルアーラインナップのほとんどがOEMによるコピーだったんですが、その中のひとつがこのフラポッパー・イミテイト。しかし、そこはただでは転ばない豪快アレンジングで、言うなればフラポッパー1/4ozにヘドン・ファイヤーテイルソニックやジョインテッドタドポリーのテイルをつけたチャンポンのような可愛らしいルアー。ただ、肝心の名前もサイズ展開等があったのかもボクにはさっぱりわからないんですね。…残念。

　よく見るとまるっきりのコピーではなくて、口の形状はオリジナルの1/4ozに比べてほぼ正円だし、逆にボディは角ばって上下左右の面が

それぞれはっきりとしている感じ。そしてジョイントに際し、オリジナルではオシリにスカート用の突起があるんだけど、それを綺麗に取り除いて丸くしてくれたからこんなに可愛らしい風体が生まれたワケ。素晴らしいアレンジ。また、オリジナルのラバースカートはほうっておくとボディや、隣り合う他のルアーまで侵す危険もある。だけどこのテイルならば安心、安泰、超安全。心配性にはむしろ嬉しかったりして。もっともハーターズはビニールスカートだったけど（笑）。

　それはさておき、コピーはコピーである種の世界観を形成しているのは周知の事実。これも文化の一部だとボクは思ってる。アレンジの発想もボクらレベルでなんだかちょっと微笑ましいではないですか。

天才度 ★★　B級度 ★★★★★
『でも"ボクらアレンジ"と"製品"とでは
存在意義が違うよね』度 ★★★★★

慌てふためきすぎて脚が回っちゃうケロよ
BUZZ'N FROG
バズンフロッグ
Rebel ［レーベル］70年代〜2020年現在

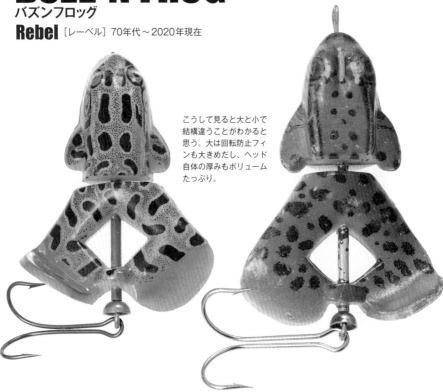

こうして見ると大と小で結構違うことがわかると思う。大は回転防止フィンも大きめだし、ヘッド自体の厚みもボリュームたっぷり。

レーベル謹製、男のためのカバー回り超兵器、バズンフロッグ。あ、もちろん女性の方にも使ってもらいたいんですが、どうもレーベルの一見粗野でぶっきらぼうな感じは個人的に男っぽくてシビレる、なんて勝手に思ってるワケで（笑）。

それはさておきこの超兵器感。見ればどんな性格なのか察しのつく体裁。脚をバズペラにしちゃうあたり、ガッツリとボクらの心を鷲掴みにしてくれる。ただ、通常のバズを想像していると拍子抜けするのは否めない。みてくれ的に

期待してしまうタダ引きはブルブル感を伴うバズペラのそれとは明らかに違い、リトリーブの速度によってはアタマが回転しちゃうこともしばしば。でも、これはプラグなんだからコイツにしか出来ないことをやったほうがいい。

例えばポケットでのスローなアクションからエッジまでズルッと持っていって、オープンで脚を2〜3回転させ、表と裏をクルクル見せて誘う。ネチネチ続けてもいいし、徐々にスピードを上げて逃がしてもいい。複合カバーならば

最近は塗りボーンなんてのもあるけど、コイツはちゃんとした無垢ボーン。他にもソリッドブラックなんてシビレるカラーもある。もう完全に中空フロッグにのっかる気満々だったかと。

倒木等を乗り越えてポーズ。その後、クルッとやってもジャッ！とやってもいいじゃない？そう思うと使い勝手のいいヤツに見えてくるはず。

　そうそうちなみにコイツ、サイズは2種類あって、ボクの記憶では多分我が国に大きいほうは入ってこなかったかと。おなじみの小さいほうに比べアタマもペラも共に大きく、お腹も下にでっぱっていてウェイトもそのぶん下方に。ヒジ（？）も張り出しているためか小さいほうに比べてかなり安定しています。面白いことにペラ

の回転も大小逆なんだよね。こういった差別化もいちいちニヤリとさせてくれる。また、90年前後には小サイズにピンクやボーンが登場したことも。これ、明らかに中空フロッグを意識したカラーリングだよね。ほら、ハスの葉が恋しくなってきたでしょ？

天才度 ★★★★　B級度 ★★★★
『現在、販売は小さいほうのみケロね』度
★★★★★

謎の生い立ち、謎のアクション
FIGHTER JAW
ファイタージョー
Ascii Craft ［アスキークラフト］2000年代

　アグレッシブな下アゴをそのままリップにする造形がただならぬ雰囲気を発し、上品な造形とベリーフックのファーがさらに輪をかけるこのお方、ファイタージョー。

　今回、ブランドをアスキークラフトとしたものゝそれはお腹のネームに従ったもので、パケにはPowerful Cast TEAMとしか入っていない。実は浜松用品開発という会社のHPに掲載されていたブランドだったんですが、今はもうファイタージョーの姿はHP上から消されてしまっているんですね。数年前までとりあえず確認は出来た。それ

でも詳細な説明はなかったはず。とにかく謎の多いこのルアー。アスキーということはゲーム等の企画絡みだったのかなあ、あのトライアングラーのように。

　ところでこのファイタージョー、浮き角はほぼ垂直に近い。ハッハ〜ン、ダイブと共にその口でポコッとかジャブッとか言わせちゃうんだな、などと思ったんです。が、しかし。アゴリップが水面上に出ちゃってるもんだから水を噛まない。したがって思い描いたようなダイブにはならず、そのまま引いてもほとんど泳がずカラダを斜めにし

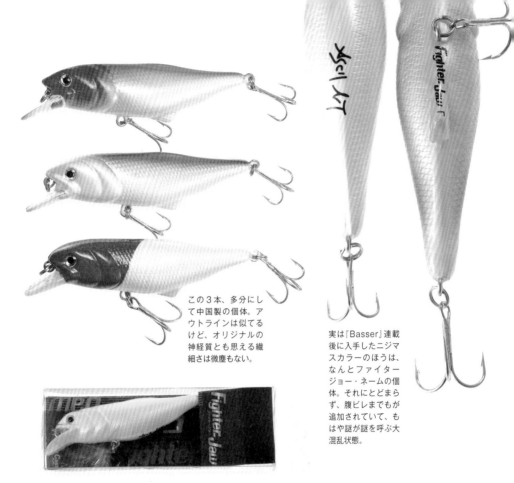

この3本、多分にして中国製の個体。アウトラインは似てるけど、オリジナルの神経質とも思える繊細さは微塵もない。

実は『Basser』連載後に入手したニジマスカラーのほうは、なんとファイタージョー・ネームの個体。それにとどまらず、腹ビレまでもが追加されていて、もはや謎が謎を呼ぶ大混乱状態。

つつこちらへやってくる。

ん～、これは困った。と思ったんだけど、重心移動システムが一番後ろでない時は綺麗に泳いでくれることが判明。つまり垂直浮きは後部にウェイトがある状態だったんですね。これ、単に戻りが悪いだけなのか、それとも後部にある時はペンシルっぽくも使え、一発あおってフロントに戻せばミノーになる…、なんていう感じのシステムだったりするのかなあ。造形や腹ファーからしてトップ使いも視野に入れていたと言えそうだけど。パケにもウェブにも説明がないので、そのあたりも含め謎

多きルアー。興味ばかりがふつふつと沸いてくるのであります（笑）。

ちなみにこっちのページ上部の3個体はファイタージョーのコピー。気持ち太ってモールドも甘く、あの特徴的なアゴはただのリップになって、腹ビレが追加されているタイプをベースにしたみたい。非重心移動のこちらのほうがストレスなく使えるのはヒ・ミ・ツ。

天才度 ★★　B級度 ★★★★★
『ジョー、ファイトネ、ジョー』度 ★

ほだされて、負けて、そして買った
BASS TURKEY &
BB CATCH
バスターキー & BBキャッチ
Umino [ウミノ] 90年代

メタルバイブというと王様こと村田基さんのウォーターソニックが思い浮かぶ。実はそれとほぼ同時期にオリジナリティと思いをこめてリリースされたシリーズがあってね。それがウミノのハイ・スピリッツ・バイブシリーズ。どうです？ このおサカナ感＆醤油差しテイスト。ラインナップは全5種で、どれもメタルバイブというある意味ピーキーなシリーズ。残念ながらボクの手元にはバスターキーとBBキャッチ（小）の2種のみです。シリーズの売りはボディに空いたウォーターナチュラルサウンドシステム、選べる2つのラインアイ、鮮やかなハイテックライン、7Aアルミアルマイト加工、重量があるので飛ぶ！ の5つ。タイプによっては全て満

たしていないものもあるけれど。

ただ、ボクがヒットしたのはそのパッケージング。台紙にはシビアさゼロの英字ロゴと手描きバスのイラスト。ご丁寧にそのイラストのステッカーが同封され、さらに驚くべきはブリスターにもイラストバスが型押し。加えて中でルアーやステッカーが遊ばぬよう、スポンジを仕込む念の入れよう。正直、本来ならそのどれもがボクの範疇ではないんだけど、作り手の念についほだされた。清々しいほどの敗北感。でも、そんな理由で買ってもいいよね。

天才度 ★★　B級度 ★★★
『強い気持ち、強い愛』度 ★★★★

ボクらも持てるよスパイツール
DUB'L 07
ダブルオーセブン
Bagley

[バグリー] 60年代〜2010年代

みんな大好きバグリー！抜き足、差し足、忍び足。密かにフィールドの諜報活動を続けるフロリダ秘密情報部のエース、ダブルオーセブン。もちろんあのジェームス・ボンドより頂戴したのは明白ですね。ネーミングだけでもグッとくるのはやっぱり世代なのか（笑）。

古くは60年代から存在し、体裁を変えつつ最近までオフト別注というカタチで生き残るロングセラー。初期のバルサボディ＋ワイヤー、80年代にハードウッド＋ヒートンに、オフト別注ではスリムになったりと、ざっくりと触れるだけでもその変遷は激しい。でも、どの時代もボディラインの後半にピークを持つ特徴的なシェイプを崩さず、近年見られるリニューアル化による樹脂アイやリアル風味に移行せず、ひと目でダブルオーセブンとわかる体裁を保っているのは嬉しい限り。

さて、今回はボクが多用する80年代ハードウッドボディのノンスピナーに絞って少し。浮き角は45度以上はあろうかと思われる立ち浮きの部類。したがってダイビングさせたのち水面上で鼻っ面を上下にプワンプワンさせる必殺ワザ其の壱。間を取りつつロッドワークを加えてやると、水面の皮一枚縫う絶妙なスロースライディングが必殺ワザ其の弐。そして其の参、ロッドワークの間を短く強くしてやると、ダイブせずに水面上でスプラッシュを伴うスライディング。これ、先細りボディシェイプの成せるワザかと。つまりボンドもカオ負けの、数々の秘密兵器の持ち主なんですね。あまりルアーを持ちこまないボクにはとてもありがたい存在。

難点といえばハードウッドならではの個体差。ボクは気に入った個体に合わせて浮き角を調整しているけど、それでも少し個性が出る。でもそんなところがいいんだよね。スパイだって人間なんだから。あ、ルアーだった（笑）。

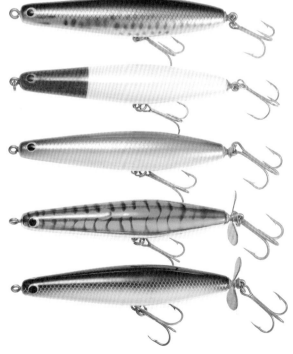

天才度 ★★★★　B級度 ★
『007のテーマを
ロずさんで投げてる』度
★★★★★

いつまでも変わらぬ愛と仕事

AC SHINERS No.403

ACシャイナーズ No.403

AC Shiners Inc. ［ACシャイナーズ・インク］70年代 ～ 2020年現在

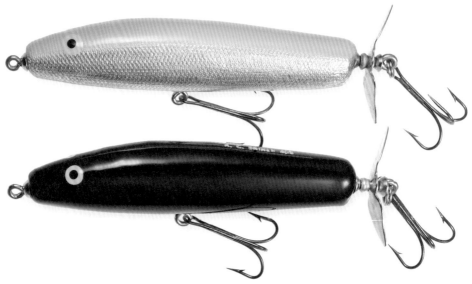

トラディショナルなホイル貼りに腹巻と口紅を基本とするウッド製のルアー群は、オールドテイスト漂うアメリカンラパラのよう。全行程を手作業で行い、ひとつのルアーが完成に至るまで10日を要するという完全ハンドメイドを続けること45年。オハイオ発、生粋の職人集団。それがACシャイナーズ。

さっきはついラパラと言ってしまったけど、実際手に取ることでやはり違いがわかる。例えばシダーウッドモデルの鼻とオシリを切り飛ばした様に思い切りを感じ、バルキーなボディと相まって、この手のルアーとしてはなかなかの迫力。クランクベイトもね、バグリーをちょっと重厚にした感じはACならでは。さすがにバルサ製モデルはラパラ同様、繊細さを感じることは出来る。それでも確かで手慣れた塗りはラパラのそれとは違う、ややデラックスな仕上がり。例えば軽快な欧州小型車とキャデラックみたいな、そんな勝手な印象ですが（笑）。

で、このNo.403。我が国ではAP3と呼ばれる、いわゆるオーソドックスなプロペラがついているんですが、リベットを利用してわざわざボス付きにするあたり職人芸の極み。リベットを完全に潰しきらない、いい塩梅で止めないとこうはいかないんですね。もしかするとACじゃなくてパーツ屋さんの仕事か？　どっちにしてもすごいワザだなあ。ボクはあまりボスペラは好きじゃないけど、これはちょっとマネしてみたいと思った。肝心のアクションはというと、適度に首は振るし時間を取ってあげる釣り方も出来るけど、やっぱり真骨頂は職人ボスペラと細身のボディを生かしたジャークなんじゃないかと思う。

いずれしろこういったたたずまいを持つプラグはどんどん減る一方。それだけにボックスにひとつあるだけで箱全体の印象がガラッと変わることに驚いた。これが歴史と職人魂の成せるワザなのか。これがいわゆるオーラってヤツなのか。

おおよそ人の目を惹こうなどとはははなっから思ってない、シンプルで品を感じるパッケージング。そこにはブランディングに対する自信すらうかがえる。

このリベットの潰し切らない絶妙なる塩梅。思いついて、やってみて、このくらいで固定されるって当たりつけて、出来るようになって。The 職人芸。

天才度 ★★★
B級度 ★★★
『入魂と伝承の工業製品』度
★★★★★

箱入り娘か奉公娘か
SHINY HINY
シャイニーハイニー
Tenne Lure Inc. [テンルアー・インク] 年代不明

「チキンライスをプレート一杯大盛でお持ちしました。ブラックバス様にきっと喜んでいただけると思います」

　湖畔の杜の小さなレストラン、テンルアーのシャイニーハイニー。アルミプレートにポッコリ乗ったボリューム感溢れるボディ。後部にはストライクドットよろしくつぶらな瞳。こんなにシンプルでありながら際立つ個性とどうしようもない愛おしさは、もはや拝んでしまうレベル。もちろんいろいろと凝ったディティールもそれはそれで愉しく魅力的。でも、シャイニーハイニーのような根本からにじみ出るパターンにも弱いんだ（笑）。

　さて、チキンライス君。"ザ・フローティングスプーン"というサブネームがついているんだけど、れっきとしたクランクベイト。アルミプレートの形状は2種で、幅広リップはディープランナーの表記アリ。でも泳がしてみると泳層というより泳ぎの質が違うような気が。

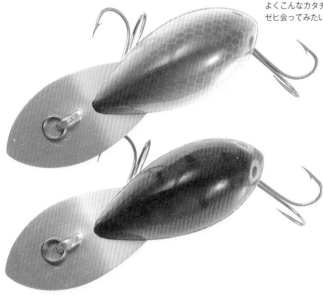

真俯瞰で見るとこんなにリップの形状、大きさが違う。特にスリムなほう、よくこんなカタチにしたもんだなあ。ゼヒ会ってみたい制作者の一人。

幅広は細かいピッチなれど左右に振れ気味で、スリムなほうはフラフラとナチュラルな泳ぎ。それがフローティングスプーンたるゆえんなのかもしれないけど、このサブネーム、あまりよくなかったんじゃないかなあ。だってスプーンだと思って敬遠する人もいたかもしれないじゃない？ 事実、ボクはサブネームを見てもどんな泳ぎか想像つかなかったもの。ハッ！ もしかして初めは本当にスプーンにフロートつけたところから始まったのかも？ で、進めるうちにだんだんプラグよりになっちゃったんだ。…なんてね。

　ちなみにリップ部はわずかに下方に曲がっていて、パケ裏の説明文を読むと「手で曲げて好きにレンジ調整すべし」と書いてある。そんな可哀想なことボクにはとても出来ないけど、ひとつ一軍入りしたら、やる（笑）。

天才度 ★★★
B級度 ★★★★★
『チキンライスだからスプーンというサブが必要なんだね』度 ★

　泣く子も黙る悪魔の巨大な黒い馬、デビルスホースAF300。英数字はサイズのことで、ウェイト的には5/8ozというスリムスイッシャーとしてはかなり大型の部類。さて、歴史あるデビルスホース、実はパッケージから"悪魔の馬"のイラストが消えて久しい。ダーデブルのマークと並びなかなかの悪キャラでカッコよかったのに残念無念。

　ところで気になったのは他でもないこのカラーリング。どういった経緯で作られたのかわかりませんが、赤い星といえばロシアか中国。…なんだけど、例えば中国軍用機の場合、赤い星に黄フチがポピュラーでして、白フチはやはりロシア軍用機を彷彿とさせる。目回りの赤と青も現在のロシア国旗。したがってロシアをイメージしたカラーだとするならば、黒目が白だったら完璧だったのかもなあ。

　世代的なものはあれどロシアといえば旧ソビエト。旧ソビエト機といえば無塗装の鈍く輝く銀色ボディ。冷戦時代、お決まりのように飛来する様から"東京急行"と呼ばれた領空侵犯をする巨大な偵察定期便。そのたびにスクランブルをかける我が国の自衛隊機。しかし、意に介することなく堂々と飛行する、どこまでものびる銀翼に映える赤い星の優雅さと、まるで畏怖と畏敬から手出しできないかのような自衛隊機との対比。この世のものと思えぬ異様な光景が展開されていたんですね。

　で、つまり何が言いたいのかというと、この赤色巨星AF300の大きなボディがギンギラのシルバーメッキだったなら個人的には狂喜乱舞、悶絶卒倒ものだった、ということ。ただそれだけなんです。ゴメンなさい（笑）。

そびえるソビエトの巨大な悪魔
DEVIL'S HORSE
AF300
デビルスホースAF300
Smithwick
［スミスウィック］
2020年現在

正しくはデビルズなんだけど、昔は皆、デビルスと呼んでいたよね。おそらく代理店のカタログ表記等からかな？ これ、世代的な問題（笑）。

天才度 ★★　　B級度 ★★
『バスに領空侵犯してみる？』度 ★★★★★

コティ・ベイト・カンパニーという会社の百花繚乱ウキウキコスプレルアー、ボタンアイミノーシリーズ。察しのいい方ならばすでにお気づきかと思いますが、芯となるボディにソフト素材の"ガワ"をかぶせることにより、状況に応じて手軽にカラーチェンジ出来るという夢の、いや、ある意味夢を見たルアー（笑）。

この他、ミノータイプやスローシンカー、ジグヘッドタイプと多岐に渡って展開するシリーズですが、全てに共通するのが売りの"ボタンアイ"でガワを留めているところ。フックはわりと本気仕様だし、ウォーカータイプで言えば、厚みのあるソフトな素材を装着するおかげで浮力が弱めなれど、水面の皮一枚かぶるかのようなスライディングが可能。芯となるボディにはご丁寧にラトルが入り、スケルトンカラー用にステッカーが付属するという徹底ぶり。

ああ、それなのにそれなのに、イマイチ湧かない購買意欲。まずは管理のわずらわしさ。そしてペンシルベイトにわざわざソフトボディを

出張、欲張り衣装持ち
BUTTONEYE MINNOW TOP WATER WALKER
ボタンアイミノー・トップウォーターウォーカー

Cotee ［コティ］ 90年代

求めるのか？ というところだろうか。ただ、ソフトボディの喰い込みのよさは同意。トップに出るけどイマイチ喰いが浅い、なんて時に力を発揮するかもしれませんぜ。あ、そしてみっつめ。それはやはり圧倒的にアレ見た目、でしょうか。正直、ソフトベイトに興味のないボクは本来なら不得意な部類。じゃあなんで持ってるのか？ 魔が差す時もあるってことです（笑）。

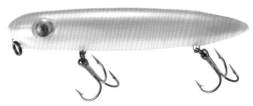

天才度 ★★　B級度 ★★★
『ムチムチボディなのに
脱がせてみたら鳥ガラ』度 ★★★★★

聖なる酔っぱらいの伝説
DRINKER
ドリンカー

Daiwa [ダイワ] 80年代

今となっては必殺・必釣のヘドン・ビッグバドも、そのみてくれから誰もが実力を信じるどころか推し量ることすらままならなかった80年代初頭。もちろんそれは我が国での話だけど、いくら本国のトーナメントのウイニングルアーだと言われてもバドワイザーのノベルティという印象ばかりで、当時はただただ持っていたいという想いだけの、いわばキワモノ扱いだったのは本当の本当。

そんなビッグバドのノベルティとしての体裁に目をつけ胴体をキリン・ライトビール缶に置き換えたのは、B列壱でも触れた、今となっては国産オールドのトップアイドル、ダイワ・ドリンカー。こちらはより安価な国産ルアーとしての登場だけに、本家ビッグバドの存在も手伝ってか輪をかけてキワモノ扱いされていたのも本当の本当の本当。

実を言うとね、ボクも真剣に使うようになったのはずいぶんと大人になってから。言うまでもなくルアーとしての性格は全く違うもので、わずかに下唇の長いカップはポッピングはもちろんのこと、リトリーブではビール缶を活発に泳がせ、缶の底から生えたジョイントのシッポはフラフラ、ユラユラと実に魅力的にサカナを誘ってくれる。ちなみにボクの好きな使い方は、

青いのはボクの一軍選手。どうです、なかなかくたびれてるでしょ？

お辞儀するように上唇でピチャピチャピチャッと数回水面を叩き、ポーズを入れて繰り返し。もちろんヌルヌル潜らせてポコンッと浮かせるダーター本来の使い方も効くし、コンビネーションを駆使すればさらに広がる奥深さ。見た目のはるか上を行く、実に芸達者なルアーであることに気づかされるはず。そこにビジュアル要素も加われば、そりゃあ使っていて楽しいルアーになるよね。

それもそのはず、リヴンシケーダやザ・リーガニー、バスハンターからTDバイブまで当時のダイワルアーのほとんどを手掛け、のちにバスデイ、ジップベイツを立ち上げた故・伊藤喜吉さんの手によるものなんですね。見た目と機能的な部分と、どちらもおろそかにすることなく高い次元でカタチにするのは本当に難しいことなのではないかと。今も楽しくバスと対峙出来るのは、こんなルアーのおかげなのだと心から思うのであります。

天才度 ★★★★　B級度 ★★★★★
『飲んで飲んで飲まれてバスに』度 ★★★

まるで樽のようなボディを持つこのお方。こんなカタチにはやはりワケがある。アクション・ルアーズの意欲作、スキールR。後年、別の名前で販売されていたんですが、とりあえずパケの記載にならって。こっちの呼び名のほうがカッコイイし（笑）。

さて、このスキールR。大きくクチをあけ、そして後方へとその穴は抜ける。ウォータースルー系なのは確かだけど、それだけでは終わらないのがコイツのすごいところ。

実はボディ内部にブレード（水車）が入っていて、リトリーブして水流がボディ内部を通ると同時にブレードが回転する、というワケ。これ、絶対子供にウケるヤツ（笑）。そして驚くべきはこのブレード、なんとステンレス製という気合いの入れよう。これがプラスティック製だとマズいのか？ 何かマズかったんでしょうね、きっと。成型時のパーティングライン（凸スジ）が引っかかって回りづらかったり、射出されたパーツの表面を綺麗にする手間だったり…、とかね？ 個々のバラツキやスムーズさを考えるとステンレスは大正解だと思う。なぜならばこのスキールR、ステンレス製ブレードをもってしてもやはり回転に若干の個体差アリ。これはきっとボディ側の問題。左右の合わせの塩梅も関係してくるだろうし。むしろステンレス・ブレードだからこの程度で済んでいるんでしょう。

で、キモである金属製パーツを持つ宿命なのか、やはりシンキング。プラス、アイスの棒のような抑揚感のない細いリップのためか、泳ぎは見た目よりおとなしめ。これはスキール音を効果的に響かせるためか？ ブレードを回すことに重きを置いたのか？ その判断は使ったアナタにお任せします。

見えますかね？ 禍々しいメタルブレードがうっすらと。サカナに聞いてみたいなあ、果たしてどんなサウンドなのか。そしてそそられるか否か。

鋼の水車を持つ男
SQUEEL-R
スキールR
Action Lures
［アクション・ルアーズ］
2010年代

天才度 ★★★
B級度 ★★★★
『正直、リトリーブ時に回ってるのかよくわからなかったッス』度 ★★★

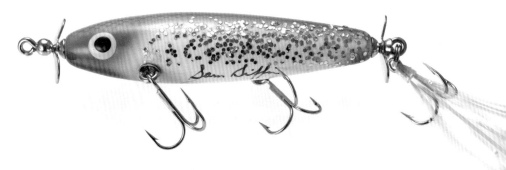

狙いのアシンメトリ
OFFSET SAM
オフセット・サム
Custom Lures by Sam

[カスタム・ルアーズ・バイ・サム] 2000年代

原寸大

サム・グリフィン。名伯楽によるアメリカンウッドプラグの至宝。その権利をルーハー・ジェンセンに売り渡すも、ルーハー製の自身のシリーズの出来に落胆。失意のアンクル・サムは新たにカスタム・ルアーズ・バイ・サムを立ち上げ、現在に至る。…といったとこだと思うんですけど、ボクには80年代にジャクソン扱いで入ってきたサム・グリフィン・ルアーのイメージも強い。彩度の高い丁寧な塗り、渾身の手作り感。大小さまざまなトップウォータープラグ群は子供心に魅力的だったもの。

そんなカスタム・ルアーズ・バイ・サムのオフセットサム。これ、お腹のフックが2本、その名のとおり左右にオフセットされてついている。理由はプロペラに関係あるんですが、このペラが前後とも同一方向に回るんですね。すると当然、アクション時はペラの回転方向にボディも回る。その回転時に真下を向くように一本。さらにアクション停止時の揺り返しでボディは反対側へ戻る。するともう一方のオフセットフックがやはり真下を向く、ということだと思う。

ボディが回ることを嫌って前後逆回転のペラをつけるダブルスイッシャーが多い中、ナゼにこうもしてまで同一方向ペラにこだわったのか。同一方向に回るほうがスムーズだという理由なのかもしれないけど、ひょっとしたらボディカラーによる明滅効果を狙ったのではないかと。ボディが傾くことで背中、お腹のカラーが入れ代わり立ち代わり水面下を向いて…。「ちょっと待ってくれ、じゃあレッドヘッドはどうなるのさ!?」

確かにそのとおり。但し、そこはさすがの名伯楽。サイドにちゃあんとグリッターを施すというぬかりのなさ。レッドヘッドが効くシチュエーションでも明滅効果を忘れぬしぶとさ、そして情熱。愛される理由は必ずどこかにあるもんです。

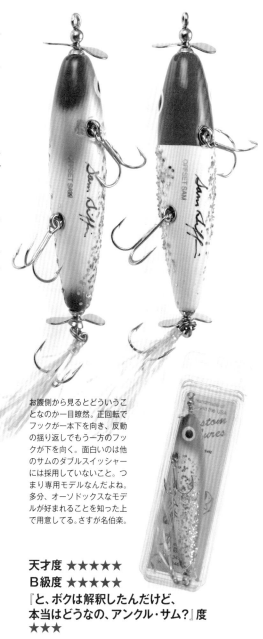

お腹側から見るとどういうことなのか一目瞭然。正回転でフックが一本下を向き、反動の揺り返しでもう一方のフックが下を向く。面白いのは他のサムのダブルスイッシャーには採用していないこと。つまり専用モデルなんだよね。多分、オーソドックスなモデルが好まれることを知った上で用意してる。さすが名伯楽。

天才度 ★★★★★
B級度 ★★★★★
『と、ボクは解釈したんだけど、
本当はどうなの、アンクル・サム?』度
★★★

コピーにも美学
HAWG STOPPER
ホウグストッパー
The Producers
[ザ・プロデューサーズ] 90年代～2000年代

　見ればわかるその生い立ち。明らかにフレッドアーボガスト・フラポッパーのコピー君、ホウグストッパー。元が名作だけに数々のフォロワーが生まれては消え、消えてはまた生まれ。でも、ザ・プロデューサーズはそのままコピーをしたワケではなかった。実際ここんちのラインナップのほとんどはコピーで、そしてご多分に漏れず安価に提供してきたメーカー。でも、やっぱり少しだけ意地が感じられるんですね。

　これは1/4ozサイズの小さいほうで、もちろんオリジナルの同サイズを思いっきり参考にしている。ただね、首に輪っかをつけたり、ラトルを入れてみたり。目のモールドもオリジナルと同位置に施してみたもののさすがにマズイと思ったのか、それともふつふつとプライドの部分が首をもたげてきたのか、わざわざサイドに変更してある。おかげでボーマーよろしく元のモールドが"麻呂"的な眉毛なっちゃってるところも魅力倍増ポイント（笑）。

　コピーってね、怒られ要素満載だけど、先のような独特の魅力があるのも事実。少しだけ変えてみたり、オリジナルにないカラーであったり、元は容易に想像ついても出来上がりは違うものになっていたり。往々にして安価で、それゆえぞんざいに扱われ、時が経ち、気がついてみると意外と市場に出てこない。もちろんヴィンテージルアーのような扱いではないから無理もない。ただね、姿を消して「そういやアレさあ…」みたいなことになってくると、出物がないから入手に難儀。さらには稀にオリジナルより価値のつくものも。ほんっと勝手だなあ、ボクらって（笑）。

　でもね。オリジナル、そして数々のイミテイトを並べてみると、それはそれで楽しいこと請け合い。使ってみるとね、オリジナルにない"強さ"を持つものもなかにはいるかもしれないよ？

天才度 ★　　B級度 ★★★★★
『コピーもバージョン違いが
あって結構大変』度
★★★

実にバスっぽいワケです
SHORDOO
ショアドゥー
Mack's Lure
［マックス・ルアー］
年代不明

Cat. #2113
Chart. Plate/R/St
Wt. ¼ oz.

SHORDOO™
Deep Diver
Erratic searching action.
Rattler. SHORDOO!
Great for steelhead,
lakers, pike, salmon,
& trout!

MACK'S Lure
ROUTE 1, BOX 107
LEAVENWORTH, WA 98826
Made in
the U.S.A.

　ヒゲをたくわえたマッチョなおじさんが、AKB48よろしくチェックのスカートといういでたちで巨大なフックと共に微笑みかけてるという、今風に言うと"HENTAI"で強烈キャラクター使用のマックス・ルアー。もっとも現在は化石っぽい一見カッコよさげなサカナのマークに変更されたみたいだけど、このひと目見たら忘れられない"HENTAI"おじさんも捨て難い。

　そんなマックス・ルアーの可愛らしいクランクベイト、ショアドゥー。1/4ozと軽めながらジャラジャラ系のラトルイン。ウィグルワートを彷彿とさせるリップは想像どおり、左右に強くボディを振る派手な泳ぎを生み出す。そしてなによりこのカタチ。いわゆるサカナを上手に抽象化したルアーはご多分に漏れず可愛らしく、そして魅力的に映るもんです。これ、アタマの中でリップをとっぱらうとボク的にご飯3杯はイケる部類（笑）。

　そしてリアフックのシャンク部分に蛍光オレンジの樹脂。こういう処理をしているのはサーモン狙いのルアーに多い。実はマックス・ルアーもサーモンメインのメーカーみたいなんですね。造形的にはバスプラグどっぷりな感じなんだけどなあ。とっても意外。ちなみにボクも赤い熱収縮チューブをシャンク部分につけたりするんですが、錆びやすいことを除けば、場合によっては効果的なのでは？　と思ってます。

　で、このショアドゥー君。パッケージに「トロウリングやドリフトで使え」ってなことが書いてあるんだけど、なるほど、この手のクランクベイトとしては浮き角がほぼ水平なんですね。すなわち泳ぎ出しの抵抗が軽い。トロウリング使用だとスムーズに潜行していくのかな。これ、狙いどおりなのか？　それともなりゆきなのか？

天才度 ★★　B級度 ★★★★
『ここ、プラグやめちゃったみたい。残念』度
★★★★★

「イマイチ言うことを聞かなくて、どうやって使ったらいいのかわからない」「持ってるだけで満足」的な、いかにもな声ばかり聞こえてくるのは、今も変わらぬ愛らしさで大々人気のマンズ・フロッグマン。

カエルが脚を畳んで出っ張った膝、そしてプロペラがいわゆる足なんだろうけど、ボリューミーかつスムーズなラインをたたえるボディ前半と相まって、今でもアイドル的存在のシングルスイッシャー。当時のパッケージ裏には「これでテスト中爆釣だったんだから」という故トム・マンおじさんの誇らしげなセ

フロッグマンの謎

The Mystery of Frogmann

リフが光る。ああ、きっとそうだったんだろうな、と実はボクも思ってる。なぜなら先のみんなの言葉に反してボクは何度も助けてもらっていて、むしろボクのタックルボックスの中では釣れるルアーの位置づけだから。かれこれ40年近く前のプラグだし、この唯一無二の魅力に抗えず持ってるだけで嬉しいというのはわかる。でも人それぞれ意見はあれど、冒頭の声はフロッグマンにとってちょっと可哀想だなあ、とも思ってた。

実は昔、あることに気づき、友人たちの協力をあおいで調査をしたんです。それはフロッグマンのラトル数。蛍光灯に透かして、カラカラ転がる玉を真剣に追いかけて。おかげさまで数十件の個体データを得た結果、5個から0個（！）までバラツキのあることが確認出来たんですね。2mm程度のラトル球だけど、1個違うと浮き角も明確に変わる。5個、4個、3個、2個、1個、0個。つまり確認出来ただけで6通りの浮き角があるということ。そりゃあつかんだ個体によって印象も違うワケだ（笑）。

しかしこのバラツキ、例えばパートのおばちゃんの塩梅次第だとすれば、ナゼ6個以上が見つからず綺麗に5個以下におさまっているのか。任意にジャラっと入れたら6個や7個もあっていいはず。長年培われた職人ワザからすればキッチリ5個なら5個つまんで入れるはずしね。かといって細分化されるなんてもっと考えづらいし、もちろんタイプ別で売られた形跡なんかあるはずもない。そんなことにヤキモキしつつも、とりあえず原因がわかって皆で驚愕しつつ胸をなでおろす、という複雑な気持ちになったのでございます。

　ちなみにいい加減ついでにこのフロッグマン、ベイビーサイズの発売がカタログにアナウンスされたことがあるんですね。1/4オンスというかなり小さめのベイビーが。しかし翌年以降ついに登場することなく、いつしかオリジナルサイズも廃盤となってしまうワケです。えっ、その理由？　情報をくれた友人がマンズに質問してみたところ、「ホントはその気だったんだけどさあ、よく考えてみたらオリジナルも売れてないからベイビー

はやめちゃったよ。ハハハッ（意訳）」とのこと。残念だなあ、見てみたかったなあ。カタログにアナウンスされるくらいだから、もしかしたらサンプルくらい作っていたかもしれないし、そんなのが出てきたら間違いなく卒倒しちゃうね。
　そうそう、ところでベストなラトル数は一体何個だったんだって？　浮き角や動き等、あくまでボク個人の結果と好みだけど、まあまあの自信を持って"4個"にトドメを刺したいと思います。

無念の天才ノイジー
CLAPPER
クラッパー
Adonis
[アドニス] 90年代後半〜2000年代半ば

　有機的ラインを信条とした個性的なブランド、アドニス。バスポンド、フロッグと共にBAFというコラボレイションを展開し、インディーズ（と呼ぶにはその展開はしっかりしていたけど）界を牽引していくはずだったブランドのひとつ。残念ながら志半ばにして撤退してしまったけど、リリースされた天才ルアーの数々は、今なお隠れファンの支持を集めているワケです。

　なかでも代表作となるのはノイジーのクラッパー。その立ち上がりの早さは群を抜き、泳ぎの確かさも、片方だけ羽根を閉じてくるなんてことはラインでも絡まない限り皆無。羽根の刻みの細かさはリトリーブスピードで容易に調節可能。リグにもこだわりが窺え、ほぼボディに当たらずフックが立つ秀逸な構造は個性演出にも一役かっている。ほどよい大きさも相まって三拍子揃った、それは

それはよく出来たノイジーなんですね。

　特筆すべきは泳ぎ出しに命をかけたそのウイングロックシステム（正式名不明）。もちろんラインアイやボディ形状も立ち上がりを意識した絶妙な仕事だけど、ある程度左右に開いた状態でロックされる羽根は確かな泳ぎ出しを確保。そしてアタマを下に向けてやるとロック解除となって羽根がパタンと閉じ、収納に困らないという絶妙すぎる悶絶機能。しかも羽根と基部の遊びのみで実現するという、非常にシンプルな機構に驚愕。スムーズでトラブル知らずだから、うまいことこの塩梅に落とし込むのはずいぶん

と大変だったんじゃないかなあ。

　さらにアドニスと言えばこのビックリしたような目。今ならクマモンアイとでも呼べばいいのか（笑）。初めボクは苦手だったんだけど、今ではこれがクラッパーのアイデンティティかも、と思えるようになった。ただ、時期によっていろいろな目があるみたいだから、うまいこと自分の好みに合うモデルと出会えれば嬉しいよね。

天才度 ★★★★★　B級度 ★★★★
『同じ羽根の鳥は生まれない』度
★★★★★

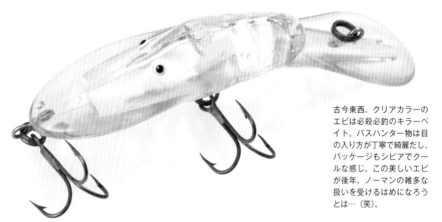

古今東西、クリアカラーのエビは必殺必釣のキラーベイト。バスハンター物は目の入り方が丁寧で綺麗だし、パッケージもシビアでクールな感じ。この美しいエビが後年、ノーマンの雑多な扱いを受けるはめになろうとは…（笑）。

誰もが一度や二度ならずとも見かけたことがあろうこのザリガニイミテイト、バスマグネット。ラインアイを後ろに足しても逆に泳ぎそうな、流麗かつ秀逸なデザインアレンジングは、子供心になんてうまくルアーに置き換えたんだと本当に感心したもの。甲殻類特有の盛り上がり、鋭さを湛える頭部と小さな目。シッポを折った際の丸い猫背と体節構造表現。なんといっても一番のキモは、最低限のラインでまとめて一体化されたハサミの美しさ！ このデザイナーの他の作品はなんだろう？ もっと見てみたいなあ。

ちなみにボクのつたない記憶だと、80年代当時はバスマグネットとだけ記され売られていたような気がしてならないんです。90年代あたりからノーマン扱い（マグネット・クランキン・クロウ）になったのは周知のとおり。大人になってから本家本元バスハンター・ルアーズ物を見つけたんですが、これにはきちんとボディ両脇にメーカー&ルアー名が記されているので、80年代に見かけたヤツとは違うと思うんだよなあ。このあたり、あやふやでモヤモヤする今日この頃。

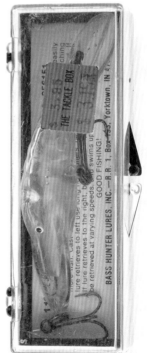

甲殻類アレンジングの妙例

BASS MAGNET

バスマグネット

Bass Hunter Lures / Norman Lures

［バスハンター・ルアーズ / ノーマン・ルアーズ］70年代〜2000年代

America's
Best
Lure Value

NORMAN LURES
MADE IN THE USA

それはさておきバスマグネット。1/8ozほどカワイイものから5/8ozほどの、この手のルアーとしては巨大なサイズも揃えるなかなかの大家族。ほんの少しリップを下げた状態から確実に水を掴み、ウォブリング強めの甲殻類スタンダードともいえるアクション。ノンラトルかつ細身なシルエットも相まって印象と裏腹な、状況に左右されづらい抜群の安定感…。にもかかわ

らずなのか、むしろそのせいなのか、ノーマンでは積極的にアソート販売され、後年はボックス付きまで。実はこれがまた曲者で、ダズル塗料の盛りでフックアイが埋まった状態なのに、ユーザーに自身でつけろと別にフックとスプリットリングをひとまとめにしておざなり同封。ねえねえ、せっかくの素晴らしいデザインなのにそんなぞんざいな売り方しないでちょうだいよ(笑)。

左のアソートはパッケージデザインからまだ売ろうという気持ちと愛が感じられるけど、右のミニボックスはあまりに機能的かつ合理的すぎる（それもメーカー側の都合）。確かにボックス付きは嬉しいけど、フックをつける手間すら惜しむとは呆れを通り越して実に清々しい気持ち（笑）。このノーマンのぶっきらぼうアソートには、ミノーやクランクベイトもあるみたい。

天才度 ★★
B級度 ★★★★
**『グッドデザイン賞の
投げ売り』度** ★★★★★

愛すべき左派的B級メーカー、ホッパーストッパーの天才ひと口サイズ、トッパー。トップウォーター・バイウーブギ、またはその逆パターンなどなど、実はいろいろな呼び名が存在するんですが、正直、どれが正しいのかボクにはわからないので、とりあえずバイウーブギと区別しやすい呼び名ということでトッパーと呼ばせていただきます（バイウーブギシリーズとして売られていたなら不正解っぽいけど。苦笑）。

さて、このトッパー君。ひと口サイズの可愛らしいボディ＆パッカ～ン、と縦に開いたクチやビックリ眼のおかげで、非常に愛嬌のある、そして豊かな表情を授かった希有なプラグ。ボク的にはそれだけで十分満たされるけど、ひとたび入水すればその外観からは想像し難い驚愕の泳ぎを見せてくれる実力派。

ティップで軽くあおってあげればポッピング。少し長めでスイッシュ音もプラス。ピンスポではプロペラやブレードのキラメキも実に効果的。そしてリトリーブを始めるや否や、フラットなボディを激しく左右に倒しつつ、水面の皮一枚下を見事にトレース。雰囲気づくりに一役買っていると思われた背ビレもこの時ばかりはと、プロペラと共に水面をかきまぜるワケです。ピロピロたなびくブレードも一緒に頑張っちゃう姿は感動すら覚えるかもしれないよ？

…なんてね（笑）。ちょっと言い過ぎたかもしれないけど、この小さな体躯に凝縮された"釣れ釣れ感"は実に見事でございます。あ、ちなみにブレードのかわりにフェザーのついたタイプもいますが、こちらもいつか投げてみたい一品。

本来、ボクはガチャガチャパーツのついたプラグはあまり好きではないんですが、さすが、さすがのホッパーストッパー。やはり老舗のガチャガチャはひと味違いますぜ。

原寸大

小さなMr.バスプラグ

TOPPER
トッパー

Whopper Stopper
[ホッパーストッパー] 50年代～80年代前半

天才度 ★★★★
B級度 ★★★★★
『でも、きっとこのサイズだから
いいんだろうね』度
★★★★

いつか還るということ
EMAL SWING DARTER
EMAL スウィングダーター
O-YA Planning
［オーヤ企画］90年代後半

見る者全てに強いインパクトを与える二段ダーター。それでいて綺麗なシェイプに収めるアレンジングはなかなかどうして。オーヤ企画・EMAL スウィングダーター。想像するよりおとなしめのポップ音と実にスムーズで安定感のある泳ぎは、ある意味見た目とは裏腹な印象を覚える。残念ながらボクはこれで釣ったことがないけど、アクションを見る限り容易に釣れそうなプラグの類いだと感じてしまうワケです。

そんな実力者の片鱗を匂わせるこのお方、実は生分解性素材のエコロジーなルアーでもある。つまりロスト後も自然の力で分解され、土に還ることの出来る自然に優しいルアーなんですね。そうだよね、プラグもワームもジグもボクらがロストしたものはほぼそのまま水辺に残る。フックが錆びて折れて外れたところで、大多数はもはやゴミとなっているはず。その問題に真っ向から立ち向かった、いわばエポックメイキング

な存在だったのは確か。

ただ、やはり価格と聞き慣れない生分解性素材への信頼度の問題からか、市場から静かに去ったのも事実。さらに友人の未使用の個体は経年劣化で、ポロポロ、パリパリと側面が砕けて穴が空いてしまった。考えてみれば20年以上前のもの。何も生分解性は水に浸かってないとダメということではないだろうし、この年月で分解しなければ商品コンセプト的にアウト。でもコレクターには頭痛のタネだし、コンセプトが面白いむきにはある意味ジレンマ、諸刃の剣。

でもね、またこういうことを考えてもいいんじゃないかな。例えばソフトベイトは生分解性を義務づけてしまう、とかね。

天才度 ★★★★　B級度 ★★★★★
『今では不安だから使わない。
それもまた正解』度 ★★★★★

むか～しむかし、あるショップにてバルク品としてフックなしのままカゴにジャラジャラっと安く売られていたクランクベイトがありました。それはよく飛び、よく動き、そして実によく釣れた。ロストして手持ちが少なくなるとまた買いに行く、そんなことを繰り返していたんだけど、どうもヒロミ産業・ダイバーらしいとわかったのはそれからずいぶん後のこと。

実はこのヒロミ産業、販売終了した各方面のルアーブランクを引き受け、自らの手で復活・販売していたある意味夢のようなメーカー。しかし、残念ながらすでにルアー事業から手を引いてしまったんですね。元々は電気ウキ等で有名な釣具屋さんとのこと。

…と、ここまで言っておきながら実はコレ、やはり数々の絶版ルアーを精力的に復活販売していたアメリカのメーカー、フィッシュメイトのミディアムダイバーと見分けがつかない。というのもヒロミ産業がそのまま引き受けて国内で売った可能性大なんです。どっちにしろパケなしのバルク品ではもはや判別する術なし。

さて、ということはやっぱり本家がいるワケでして、実は先のショップでなんとはなしに生い立ちを聞いていたんです。その正体はケンディックという本場アメリカのクランクベイト。一番上のホイルアユはケンディックの名で売られてはいたものの、ダイリツでカラーリングを施したジャパンスペシャルモデル（ややこしいでしょ。笑）。さらにフローセントグリーンバックの2つはあのザウルスが後年、独自のカラーリングを施し自社製品として販売に至ったジャララ。つまりわかっているだけで同ブランクのルアーが4つの名を持つという混沌。そして一見これらに酷似する側面にグルーブの入った、しかしながら全く別物のバンディット系もいてさらに状況をややこしくしてくれている。でも、こういったことに振り回されるのも実は悪くないんだよね（笑）。

巡る巡るよルアーは巡る
KENDICK FAMILY
ケンディック系クランクベイト
90年代

天才度 ★★
B級度 ★★★★
『回る回るよアタマの中も』度 ★★★★★

原寸大

未だかつてないスケールのシンプルアレンジング。その端折りの度合いが大きすぎて、もはやフックすら余計なものと錯覚してしまうほど。カナダはオンタリオ、トマンディ・タックルが贈る会心のアヒル顔、シッティンダック。

どうも欧米の釣り人たちはアヒルが大好きみたい。なんちゃらダックというルアーはみんなが思っているよりずっと多いはずで、きっとアヒルがアタックされるシーン、目に焼きついて離れないんだろうなあ。

以前、B列弐で触れたバードヘッドルアー＆タックル・ダックヘッドはその名のとおり、やはりアヒルの頭部をアレンジし、オデコやクチバシのラインを綺麗にセンスよくまとめた本当に秀逸なクランクベイトだけど、シッティンダックは極力シンプルに、言うなれば記号としてのアヒル。同じアヒルの頭部でも造形としてのベクトルは明後日と一昨日、漫画で言えばCOBRAとドラえもんくらい違うんじゃないかと。え、逆によくわからない？（笑）

作りのほうもいたってシンプルで、発泡無垢に目のプリントのみ。そして驚くべきは多分こ

れ、ノーウェイト。ちゃんと泳ぐのかと心配になる体裁だけど、これが水面上をピンポン玉がまるで生きているかのように左右にカラダを震わせ、時おり混ざるお辞儀っぽい挙動がアヒル感に拍車をかける。あのウバンジより危ういバランスの上に成り立つ稀有な水面ピョコなんですね。パケ裏には「多くのラージマウス、スモールマウス、ウォールアイにノーザンパイクを相手にしてきたよ」てなことが。人ですら惹かれるこの動きを見れば至極当然だとうなずけます。

そしてこの漫画アヒルを生み出したトマンディ・タックル。実はあまり情報がなく、どうも80年代半ばになくなったらしい。他のアメイジングな作品、見たかったなあ。

まるかいてちょん
SITTIN' DUCK
シッティンダック
Tomandy Tackle
［トマンディ・タックル］80年〜80年代半ば

アヒルのアタマつながりのダックヘッド。ベクトルは違えどどちらもナイスデザイン。もっと丸い、本物に近いシェイプのモデルもある。

天才度 ★★★★
B級度 ★★★★★
『鬼太郎の父さんという意見も』度 ★★★

右往左往は終わらない
WALKER
ウォーカー（名称不明）
Walker
［ウォーカー］年代不明

左からウォーカー、バスジャッカー、スズミ。
こちらはいわゆる小サイズ。並べばどうみ
ても寸分違わず感が漂っている。本当の本
当の根っこは一緒だとボクは思うよ。リッ
プの三角モールドまで一緒だもんね。

実はこれ、パッケージ入りにも関わらずルアー名がよくわからない（困）。おそらくパッケージ肩口の"Walker"が会社名だと思うんですけど、あとはシリーズ名やキャッチフレーズらしきものばかり。かろうじて品番が確認出来るくらいか。そしてフックはオールドリールでポピュラーなあの"Ocean City"のものを使用。さらにさらに、裏には"Johnny Walker"（お酒か？）というロゴが Walker や Ocean City と並記される、もはや何屋なんだ状態（笑）。そして極めつけはマニュファクチャード・イン・ジャパン、と…。

　レイジーアイク・ナチュラルアイク（ディープ）のコピーであるダイワ・初代バスジャッカーに始まり、スズミの星座シリーズに名を連ねるクランクベイト。そして再びオリジナルに変わり本国アメリカへ輸出されることとなる、ややこしくも数奇な運命を辿るこのルアー。

　いや、実際の時系列はボクにはよくわからんのですよ。発泡樹脂ボディ特有の表面のシワからして初代バスジャッカーと同じブランクみたいだし、ダイワがピーナッツやフィンチュルー（トップケビー）の金型・権利を買った時期を考えると、バスジャッカー自体、レイジーアイクより一切合切譲り受けての販売という可能性が。というのもナチュラルアイクのカラーのまま、バスジャッカーのネームシール付き・ダイワの箱入りの個体が存在するらしいんですね。これは金型入手時に余っていた塗装済みブランクも同時入手したので、そのままシールを貼ってパッケージしたものと言えるのでは。そしてその後、モデルチェンジにてバスジャッカーⅡが登場し、こちらは生産終了。ダイワの下で製造を請け負っていた会社がアメリカ本国に再度輸出したと。というかね、ひょっとするとそもそもナチュラルアイク自体、初めから日本製だったのかも？　ま、実際のところどうなっているのか知るよしもなく、そしてそれは知らなくても全然構わないことなんだろうけど（笑）。

　ただ、本家が諦めたあとも時と場所、名を数度変えて活躍し、どういうカタチであれ再び本国の地を踏むことになる数奇な運命、なんて考えてみたらとっても面白い。今はモデルチェンジのサイクルがどんどん早くなってきているし、特に我が国では一瞬でなくなるルアーのなんと多いことか。こういった屍（金型等）をかき集め、端から順番に復活させたら楽しいことになるだろうなあ。きちんとペイ出来るかどうかわからんんですけど、やってみたいなあ。

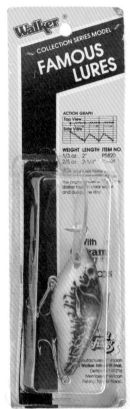

ウォーカーの曲者パッケージ。情報が多いわりに何ひとつハッキリしないパターンはヤキモキ指数120％。でも、同じようにわかりづらいバケに入ってるヤツ、たまにいるよね。せめてメーカー名・ルアー名くらいハッキリ言い切ってくれよ（困）。

天才度 ★★　　B級度 ★★★★
『ボクらも一緒に右往左往』度 ★★★★★

　地味変コットンコーデルのおかしなおかしなデッドリーミノー、スリッピンシャッド。この時期のコーデルフォーマット、丸刀でやわらかく彫り込んだようなボディの表現は懐かしくもあり、そして未だ魅力的でもあり。通常のミノーを横に倒したボディは若干アールを伴ってオシリを下げる。そうか、やっぱりダイブを意識してのシェイプなんだね。そしてその処理と効果が顕著に表れる理由。このスリッピンシャッド、実はほぼ垂直浮き。しかもアタマを下にしての浮き姿勢なんですね。ただ。浮き具合に関してどうも友人と話が噛み合わないと思っていたら、元々ついてるスナップによってはスローシンキングもいるという、絶妙バランスな浮力設定（困）。

　トゥイッチしてやると半分以上水面に出ているスリムブレードがピチャっと水面を叩く。また浮力は弱めなので、連続トゥイッチだとアタマを下げてつんのめったまま水中を短く移動。ん〜、これはひょっとして粘り系なのか？

　もちろんワイドなリップと扁平ボディのおかげでロングＡをちょっとオーバーにしたような、これまたワイドな泳ぎは極めてよく動いてくれる。しかしデッドリー系は横倒し＋水平浮きが多いので、上記のアクションに持ってくるとはなかなか新鮮な感じです。最後の力を振り絞り、死に抗う苦悶のミノーを表現、といったところか。

　ま、使い方がどうかということも重要だけど、やっぱりその特異な怪しい外観、ストレートに言えば変なヤツ感。ボクはルアーに関していえば完全に受け身です。「ワタシどう、ちょっといいでしょ？」なんてラブビームを発してるのがいるとね、「ああ、君はきっと最高だ！」と期待に胸を膨らませ、優しく抱き上げ、そして愛の言葉を浴びせつつ連れ帰ってしまう。皆さんも「これ、絶対にいいよ！」とか言いながらワクワクで帰ったこと、あるでしょ？例えそれが期待外れだったとしても、惚れた弱みでなんとかしたくなるんだから。こんなこともね、バスフィッシングのひとつだと思いたいんだ。ワッハッハ（笑）。

誘惑の妖艶デッドリー
SLIPPIN' SHAD
スリッピンシャッド
Cotton Cordell
［コットンコーデル］
70年代

天才度 ★★　　B級度 ★★★★★
『千差万別。人の好み、趣味嗜好』度
★★★★★

カラーのみひと手間加えたのは、「ザリガニなんだから」とクレイフィッシュのフォーマットに忠実だっただけか、それとも「ここだけは譲れない」というこだわりなのか。どうせなら"ハッスルクロウ"とか別ネームを与えてやりたかったなあ。だって手を加えただけあって表情が全然違うもの。

さて、少し話を戻してパーツ流用のこと。ボク個人としては流用品大好き。なぜならふさわしいパーツチョイスとまとめあげるセンスが求められるから。「おお、ここは○○なんだ！」って気がつくとなんだか嬉しくなっちゃう。例えばスターウォーズの宇宙船なんかは日本製のプラモデルパーツが貼りつけてあったし、ランボルギーニやロータスは日産やトヨタのランプ類を使っていたし。チョイスの妙とその手腕に気づくとなんだか楽しいよね（笑）。

みんな大好きバグリー！ 勘のいい方はもう気づいたはず。そう、優しいアールの背中に尖った鼻っつら。そして平らなお腹とくれば同社のウィードレスプラグ、グラスラットと同じ。そんなボディにBシリーズのリップをつけたらハッスルバグの出来上がり。もちろんあのバグリーだから流用品ばかりだって泳ぎはおろそかにしない。もがき逃げまどう虫は本来なら必死なんだろうけど、その名のとおりワイドにハッスルするがごとく。手前はリップの長いよく潜るタイプ。奥2つ、ショートリップのシャロークランクももちろんワイドなブリブリで、ボクはそっちのほうが好き（笑）。

さて、その手前のハッスルバグ、実はちょっと変わったモデル。通常のカラーはペイントアイなのに、このカラーのみ目が追加されている。ご存じ同社のザリガニクランク、スモールフライ・クレイフィッシュと同じ体裁。この時期のバグリーは工場を変えたりしてなんとなく合理化へ向かう最中で、それでも簡略化せずにこの

流用品の一体何が悪い
HUSTLE BUG
ハッスルバグ

Bagley ［バグリー］80年代後半〜2000年代

天才度 ★★　　B級度 ★★★
『ハッスルして目つけちゃったんだな』度
★★★★★

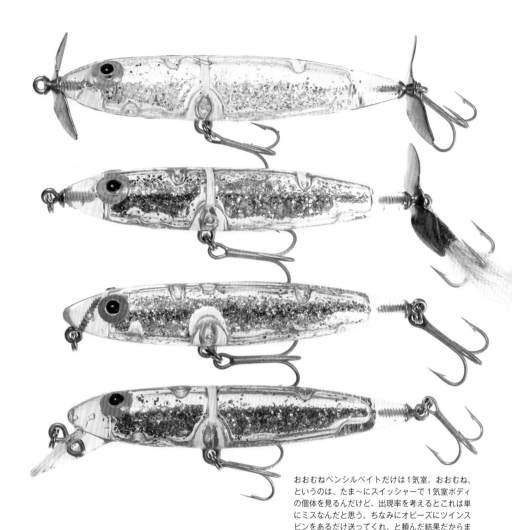

おおむねペンシルベイトだけは1気室。おおむね、というのは、たま〜にスイッシャーで1気室ボディの個体を見るんだけど、出現率を考えるとこれは単にミスなんだと思う。ちなみにオビーズにツインスピンをあるだけ送ってくれ、と頼んだ結果だからまず間違いないかと。結局、いろんなタイプをちょいちょい混ぜて送ってきたけどね（笑）。

浮くも八卦、沈むも八卦
SPARK PLUG SERIES
スパークプラグ・シリーズ
OB's Tackle Company [オビーズ・タックル・カンパニー] 80年代〜90年代

グリッターギッターという、ラメとオイル が封入されているシャッドライク・クランク ベイトで有名(?)なオビーズ。そこのスパー クプラグシリーズ4兄弟、上からツインスピ ン、ドロップテイル、トップウォーター、そ してミノータイプのザ・ダイバー。

さてこの兄弟、前述のグリッターギッター と同様にラメとオイルが封入されているんで すが、これがオビーズの専売特許。キャスト、 着水、アクションとラメがシェイクされ、艶 めかしくサカナを誘うというグッドアイディ ア。その反面、実はそのオイルが曲者でもあっ て、封入の量によって浮く個体・沈む個体が あるというバサー泣かせの気まぐれ兄弟船。 パッケージ裏の説明文にはサスペンデッドの 文字があるけど、どうもこれはラメの浮遊を 言ってるっぽい。ある情報ではパッケージ表 にわざわざサスペンドの後貼りシールがつい ている個体もあり、従ってフローティングや シンキングもあった可能性も? という話も 聞いたことがある。でも、少なくともウチの パッケージには皆無。いつの間にかやめちゃっ たにしても、浮くか沈むかわからない運まかせ にしても、使う側にとってはあんまりっちゃ あんまりだよね。

で、結局ボクはオイルを適量抜いて浮くよ うにしたワケです。やっぱりこのタイプは浮 かせて使いたいもの。ちなみにスイッシャー 2種とダイバーは2気室。アクション重視の ペンシルベイトのみ1気室。構造上の問題な のか、ペンシルベイトのフローティング出現 率はかなり高い。ラインアイの位置を見ても やっぱり浮かせて使うのが正常なんだと思う。 ここらをしっかり管理出来ていたらもう少し 人気が出たかもしれないのに…。

オビーズのワッペン とステッカー。この イラストのルアーは 見たことないから見 てみたいなあ。ス テッカーはガラス等 の内側から貼るタイ プ。だから逆版なん だね。

天才度 ★★★　B級度 ★★★★★
『最短でタイプを伝えるためとはいえ、シンプルすぎる名前』度 ★★★★★

鼻っ面を鋭くえぐってとんがったサカナを表現したルアーは数多くあるワケですが、そう言われたら皆さんは何を思い浮かべますか？やっぱり重鎮ヘドンのバンプやリバーラント？可変リップがやたらカッコよく思えたアブのハイロー？　それとも気軽に買えた親しみキング、コネリー？　シャンクノーズはちょっとマイナーか。ああ、脚が回るトップウォータープラグ、クレイジーレッグスもそうだ。

…なんてね。もう言い出せばきりがないくらい、昔からこのカオを持つタイプで溢れていた。ボクはというと実はね、先に挙げたどれでもなく、またあちらのヴィンテージなルアーでもなくて、純国産のとんがりっ鼻だったこれ、ヨーヅリ・パイク。大きさは大体オリザラと同じくらい。もっともジンクフックに

原寸大

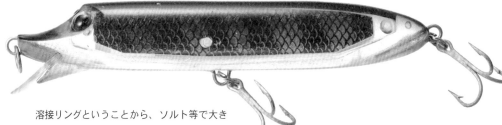

溶接リングということから、ソルト等で大きな対象魚を狙うルアーだったんだろうね。

えっ、どうしてこれなのかって？　それはね、当時ヨーヅリのカタログを見ていて興味が湧いたんですね。でも、まあお店で見かけない。実物を拝むことすら難しい状況にその憧憬がますます膨れあがり、気がつけばコネリーを見かけてもパイクを思い出す始末。紙媒体でしか見たことがなかったから、目の当たりにした時は本当に嬉しくて。たまたまウチのほうでは見かけなかっただけなのかもしれないけど、それでもボク的な幻のルアーであったことは間違いないワケです。皆さんにも胸の奥をジンジンとさせながら待ち焦がれている片想いのルアー、あるでしょ？

憧れのとんがりっ鼻
PIKE
パイク
Yo-Zuri ［ヨーヅリ］ 80年代

天才度 ★★
B級度 ★★★★★
『バンプスプークじゃダメかって？
そりゃダメでしょう、
だってこれは恋なんだから』度 ★★★★★

ほんのちょっとした何か

PREGNANT GUPPIE JOINT BIG-R

プレグナントグッピー・ジョイントビッグR

Red River Lures

[レッドリバー・ルアーズ] 年代不明

ずいぶん前に一度触れたのはレギュラーモデルのビッグR。ビルルイスの前身にあたるレッドリバー・ルアーズの"ご懐妊のグッピー"は、まんまロングノーズタイプのビッグO型ボディにその後のビルルイスの代名詞となる背ビレを誇らしげに立てる。もうそれだけである種の魅力満載なんですが、さらに"長男坊"を従えて泳ぐ様はまさにクランクベイト界の肝っ玉母ちゃん。満載すぎる魅力がもはや溢れ出ちゃってる（笑）。

近年、新しい技術や発想を用いたルアーがどんどん出てきて、なかにはいたく感心してしまうものもチラホラ。その実、大そうなアナウンスとともに広げた大風呂敷ほどでないものもある。ボクはそんなルアーに楽しませてもらっているし、その自信と自慢が面白くて仕方がないんです。システムやアイディアが突拍子もなく、大袈裟であればあるほど燃える部分、あるよね（笑）。

友人のルアービルダーが面白いものを産み出すべく日々努力を重ね、様々なアイディアを具現化すべく右往左往する様を見ていると、大変そうだなあと思うし、後発ならではの産みの苦しさもなんとはなしにわかっているつもり。でもコイツを見ていると、ひょっとするとそれは特別大それたものではなくともほんのちょっとした"何か"で到達する方向もあるんじゃないか、とも思うワケです。例えばそれはカラーなのか、スタンダードな市販パーツでも使いようなのか。極端に言うと目新しいことをなにもしなくともアウトプットで使い手に魅力的だと思ってもらえたなら、それだけでいいんじゃないかなあ。きっとそこが世間一般で言うセンスというヤツなのかもしれないけど。

えっ、コイツちっとも欲しくならないって？ああ、それはきっとボクのセンスが世間とズレているんでしょう（苦笑）。

天才度 ★★　B級度 ★★★★★
『ビルルイス版も存在する人気者』度
★★★★★

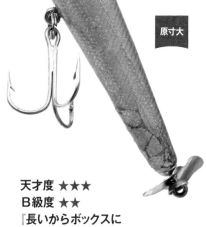

大穴ウェイキング
BANG-O 6in.
バングオー・6インチ
Bagley ［バグリー］60年代 ～ 2020年現在

みんな大好きバグリー！ 愛くるしい表情と華やかな実績で、今なお第一線で活躍しつづけるバグリーのルアー。そんなラインナップの中でどう見てもバスをターゲットとしていなさそうな、この大きなバングオー。体長は実に6インチ。ハードウッド製のバルキーなボディのためにその性格はほとんどサーフェイス。かなり速く巻かないと潜らなくて、その場合の深度もいいところ20cmくらいか。さらに同社のクランクベイト用の幅広いラウンドリップを流用しているためか、体を大きく左右に倒し、さらに水面上をのたうちまわる。つまりウェイキングにもってこいなんですね。長いといいつつやはりミノーだから投げてしまえば大きさはそれほど気にならないし、この達者な泳ぎを持つ者をバスに使わずしてどうするんだ、なんてね（笑）。

そして現行品はラインアイ以外、全てヒートンというところが実はキモ。テイルに小さなペラを容易に追加できるからね。よって水面上をほんのリピチャピチャ言わせながらうねりを帯びて引くこともできるワケです。この、ある程度のボリューム感とある程度のアピール感は、陽が落ちきってしまった時や雨などで水面がざわついている時、あるいはサカナが散っている状況なんかにも結構有効だと思います。興味が湧いた方はゼヒゼヒ、ボクの物言いに騙されてくださいね。世間ではよく話半分って言うけれど（笑）。ただ、少々価格がお高い＆少々割れやすいんですよね。コーティングしちゃって浮力がスポイルされるのは本末転倒だし、ところどころ直しつつもそのまま使うのが正しいかと。ただ、カッコイイんだよね～、使いこんだボロボロのプラグって。

原寸大

天才度 ★★★
B級度 ★★
『長いからボックスに
まとめづらいけどね』度 ★★★★★

リオズルアーズの生命感溢れるナイスディティール、プラウンルアーズ。実はね、パッケージにルアー名がなかったので調べてみたんだけど、単にリオズプラウンと呼ばれていたり、はたまたサイズごとに違う呼び名であったりとまちまち。今現在はまるでブランド名みたいなこの呼び名みたい。

オーストラリアはクイーンズランド州、ティンティンという場所で作られているこのルアー。歴史と人気、実績のあるルアーらしく、5g、13g、20gと3サイズをラインナップ。で、見るからに沈みそうな予感がしますが、それ、大正解です（笑）。ボトムでたまにトゥイッチさせたり、ミッドウォーターでは連続トゥイッチで華麗にエビング。なんとこれ、水中ドッグウォークをやってのけるんですね。ん〜、実にエビらしい。

さらにさらに。アイの位置がえぐれた頭部の下側にありますよね。ということは引けば上に浮く仕様…。そう、またまた大正解。実は速引きでピシッ、ピシッ、とサーフェイス使いも可能。コットンコーデルのニアーナッシンと同様に、その無垢のボディを活かした遠投でボイルを直撃。高速で逃げ惑うベイトを演じてターゲットを狙う、なんて使い方もできる、なんとも芸達者で頼もしいエビだったんですね。

確かに水面上をピシッ、ピシッ、と逃げるエビがいるし、いつだかえらい勢いでバスを釣っていたエサ釣りのおじさんが「バスはエビ」と言い切っていたし。ま、単純に生き餌と比較するのは無謀だけど、イメージを具現化するにはより近いほうがいい。だからボクは自分のイメージに近いテナガエビっぽい13gを選んだワケ。5gのヤツだったらまんまスジエビですぜ。あのエサ釣りのおじさんにルアー見せたら躊躇なく5gを選ぶはず。どう、ちょっと興味湧いてきたでしょ？

思惑、見た目。そして機能の一致
PRAWN LURES
プラウンルアーズ
Rio's Lures
［リオズルアーズ］
2020年現在

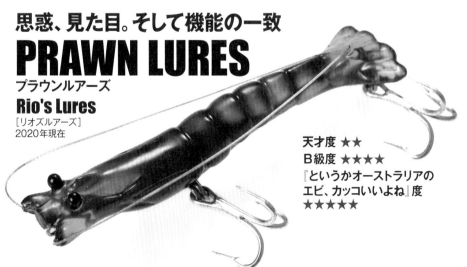

天才度 ★★
B級度 ★★★★
『というかオーストラリアのエビ、カッコいいよね』度
★★★★★

最近は
「シック＝イカす」
という意味らしい

SICK SUCKER

シックサッカー

Pen Dart Lure & Equipment Co.

［ペンダート・ルアー＆
エクイップメント・カンパニー］
年代不明

下半分の壁面のどちらかに水を受け始めて泳ぎ出す。しかしこの体裁でナチュラル潜行系とは夢にも思わなかった。勝手に期待したボクが悪いんだけど（笑）。

原寸大

ストロングスタイルな方には怒られちゃうかもしれないけど、ボクはサプライズミノーより絶妙にシンプルライン化されたシックサッカーのほうがカタチ的に好き。でも、いつか使い比べてみたいなあ。

他メーカーとは一線を画すルアーばかりのちょっとシビれるメーカー、ペンダート・ルアー。ここんちの独特のツヤ感というか、塗りや表情、カタチはクセになること間違いなし。

というワケでご多分に漏れず、見るからに、否応なしに気持ち昂ぶるこのお方、シックサッカー。これ、まんまフルーガー・サプライズミノーなれど、オリジナルは口角が上がる微妙なラインを持つウッド製。おそらくシックサッカーは金型抜きの関係もあって潔く直線的になっているんじゃないかと想像。でもシンプルにブラッシュアップされた感でえらいカッコよくなっちゃってる気がしてしょうがない。目の位置とかもね、ここより少しずれるだけでとんでもないことになりそう。一見些細なことに感じるけど大事ところだよな、なんて思いながらワクワクで動かしてみると、これは一筋縄ではいかないぞ、と。

本当にギリギリ、そこはかとなく首を振らせることは出来る。ただこれは不得意と言ったほうがいいレベル。ストップアンドゴーの反応も薄い。

ならばとタダ引きしてみると、水面下をユラユラ、それでいて規則正しく泳いでくる。これはそうか、オリジナルが銘を打つだけあってミノーなんだ。一見、何か秘密のありそうなこの体裁ならば、トップウォーターで、ひょっとしたらペンシルで、ついでに口角から泡出してたまにダートなんかもしちゃったりして、そりゃあすごいことになるんじゃないかと勝手に盛り上がったボクが悪かった。ただシックサッカーの名誉のために言うと、いわゆるリップ付きのミノーともS字系とも違う一種独特の、容姿に反したナチュラル系の泳ぎはこのカタチの成せるワザなんだろうし、効きそうな雰囲気は十二分に漂っている。

でもさ、手応えに反比例するかのごとく、このカッコよさはどうしようもないよね。あまりにカッコよすぎて辛いよボクは（笑）。

天才度 ★★★
B級度 ★★★★★
『奇怪千万な生真面目クン』度 ★★★★

お客さん、よく味染みてますよ
UNKNOWN CRANKBAIT
謎のクランクベイト（名称不明）
Manufacturers Unknown
［メーカー不明］年代不明

球を綺麗に半分に割ったかのようなかなり大きめのデメタンが否応なしに目に入る。あれ、このデメタンどこかで見たことがあるぞ。そうだそうだ、スティンガーやウォータードッグ、スーパートードでおなじみ、ホウグボスと同じ目だ。ということは…、と言いたいんだけど、これがどこの者かわからない。確かにホウグボスにはオレンジプリントカラーがある。でも多分こんなプリントパターンではなかったと思うし肝心の情報もない。

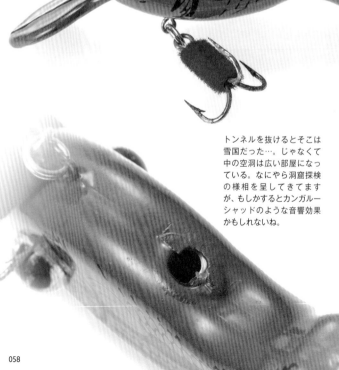

したがって力不足から謎のクランクとするしかないのかなと。

そしてこのクランク、どうやらひと癖もふた癖もある手練れの仕業だと思われるんですね。まず其の一、怪しげなリップ。独特のラウンド形状は思いきりの悪い微妙なえぐれを備え、かつ一体式にもかかわらず薄くボディより伸びる。完全なるフラットサイドと相まったこの体裁は比較的近年の者か。其の二、腹部の穴。爪楊枝で探った結果、直線的に空いているのではなく、中は比較的広い空間を持つことが判明。

トンネルを抜けるとそこは雪国だった…。じゃなくて中の空洞は広い部屋になっている。なにやら洞窟探検の様相を呈してきてますが、もしかするとカンガルーシャッドのような音響効果かもしれないね。

但し中を水で満たしても、ラトル入りにもかかわらず浮力をキープする。これ、おそらくフォーミュラを仕込む部屋なのではないかと。其の三、フロントにぶら下がるモケモケフック。アクセント的にストライクドットのような効果を与えるというよりも、コイツの場合は上記のフォーミュラを染み込ませてより効果を持続させる、いわば"味増幅装置"なんだとボクは思う。どうでしょうこの推察。我ながらいい線いってるんじゃないかなあ…。なんてね（笑）。

そして肝心の泳ぎはというと、かなりのワイドウォブルでフォーミュラを撒き散らし、かつフラットサイドで水押し効果大。スローに引けばテイルが醸し出す水よれが実に美味しそう、という至れりつくせりなデメタン。しかしなんて欲張りなクランクベイトなんだろう。釣りたい気持ち、湧き出るナイスなアイディアがどうにも止まらなくなっちゃったんだろうなあ。結果、その集大成がちっとも洗練されていない見た目になっちゃったとしても、ボクはとってもとっても好きなんだけどね（笑）。

単純にアピールポイントとしてもアリだけど、わざわざモケモケなモールをぶら下げているってことはやはり何かあると勘ぐってしまうのがボクの常（笑）。

側面形は垢抜けない、じゃなくてクラシカルな感じだけど（笑）、前から見るとどうしてどうして。見事なまでの平行線を見せるボディワークは、フラットサイド効果を積極的に取り入れた結果。それほど古いものじゃないんじゃないかと。

天才度 ★★★
B級度 ★★★★★
『言いすぎちゃってゴメンね、ホウグボス（なの?）』度 ★

ペンシルバニア発、老舗のフライ屋ゲインズ。そこのルアー部門を担う、ベテランにはおなじみのフィリップスというブランドなんですが、そもそもこちらもフライの会社なせいか、ポッパーに関しては実に多種多用かつ微細な違いの具現化もいとわない、こだわりのラインナップを揃えている。そんな半ば金太郎飴的（笑）なメンバーの一人、スピンポッパー。

1/4oz強の体躯は近年のベイトタックルなら余裕でいけるサイズなんですが、時代的にもお国柄的にもその名のとおり、スピニングタックル推奨サイズだったんだろうなあ。と、思うのが自然の流れ。ところがさらにその上をいく仰天エピソードを教えてもらったんです。

実はどうもこのスピンポッパー、本国ではヘビーなフライタックルで投げているみたい。ああ、それで腑に落ちた。コイツ、ヘッド形状がカップじゃなくてカット面。初めて見た時、そこがとっても気になってた。先のフライの話を聞いた時、これが持ち出される大きな要因なんじゃないかとにらんだワケです。じゃあナゼにカットタイプがフライ向きなのか？気になったはなったんだけど、その理由がさっぱりわからないのでフライをやる友人に聞いちゃいました。

まずカップの抵抗で飛距離が出ない。ご存じのとおりフライはバックキャストとフォワードキャストを繰り返しラインを出していくから、えぐれたカップは大きな抵抗に。さらに着水しちゃうと次のキャスト時にカップが水を噛み、水面からはがれない。はがす時にボコーンとかガバーンとなっちゃうんですね。なるほど、そうなると他のフィリップスのポッパーは大半がカップタイプだから、コイツがフライフィッシャーに重宝されるのも納得。

しかしそうなるとフライで使われるのを前提にしていたとしか思えないなあ。スピンというネーミング、いい意味でいつわりアリ？

その名と裏腹の隠された秘密

SPIN POPPER
スピンポッパー
Philips
[フィリップス] 年代不明

実は、とあるブランドで全く同じ体裁・ブランクと思われるルアーを発見。パクリとかでなく、おそらくそのものの予感。現物入手で比べてみたいんだけど、なかなかハードル高くてもどかしい（涙）。

天才度 ★★★★
B級度 ★★★
『スピン＆フライポッパー、じゃネーミング的に冴えないか』度 ★★

スリムなダブルスイッシャーや、のちにルーハー・ジェンセンより売られることとなるジョニーラトラーなどで知られるローデンというメーカー。そこのウッド製の小さな可愛いダーター、ベイビースタンプノッカー。ベイビーということはフルサイズもあったのかな？　残念ながらボクは見たことがないんです。

若干尻下がりの浮き角で、下アゴがちょうど水面のツライチくらい。さらにお腹がフラットになっていて、安定性を殺す意匠となっている。したがってポップ音を奏でつつフラフラっとダートするんだけど、ほんの少しだけバランス的に浮力が強くてダートする前に横になっちゃう。そして着水時、たまにお腹を上に向けたりする。ウッドならではの個体差かもしれないし、なん

せ脳天にアイの位置を間違えた跡があるくらいの大らかさだから。安定性に欠けるのは60mmという小さなボディということも影響しているだろうしね。

ただ、個人的にはダーターってノンウェイトがキモなんじゃなかろうかと。例えばピンポン玉を水に沈めてから手を放すと、強烈な浮力のおかげでランダムな動きを伴い急激にピョコっと浮き上がるじゃない？　そんな動きの横方向版なんじゃないかなあ、なんて思ってる。だからコイツを調整するとしたら、ボクだったらボディにウェイトを入れたり貼ったりしないで、フックを大きめに替える程度で収めておきたいところ。でないとダーターの不規則ギュインがスポイルされそうな、そんな気がしちゃってね。

個人的なダーターのキモ
BABY STUMP KNOCKER
ベイビースタンプノッカー
Rhoden Enterprizes
[ローデン・エンタープライゼス]
70年代 ~ 80年代

Egerの文字からローデンは、目の周りに点々を打つイカしたペイント、エーガーベイトの流れを組むということがわかる。

天才度 ★★
B級度 ★★★★
『個人的なキモだから
聞き流してね(笑)』度
★★★

原寸大

子はひたすら親を
待ち続けたのだった
FOLLOW ME
フォローミー

Mann's Bait Co.
[マンズベイト・カンパニー] 2000年代

「しっかり母さんについてくるのよ」
「ハーイ！」
もしルアーが生きていればそんな会話がなされていたのかどうなのか。さておき、どうしてマンズはこうなのか？ アラバマ・ママの子連れクランク、フォローミー。

ラウドマウスのショートリップ版、ラウドマウスⅡが子供を連れた大胆不敵なビッグジョイントクランクなんだけど、驚くべきはそのためだけに新しく後ろのフォロワーを作ったこと。しかも単にジョイントのオシリとせず、目玉とラトルを奢る、それだけでもルアーとして成立するクォリティ。そう、この子供だけでも見事に釣れるんですね。ヒラッ、ヒラッと体を左右へ投げ出すペンシルベイト。あろうことかタダ引きでも体を震わせ泳いでくるじゃありませんか。

でもナゼそんなことをしたのかって？ 実は中古釣具店にてオシリだけ入手したのでそのまま使っていたんです。きっと売主はズル賢くふたつに分けて買取依頼したんだろうなあ。実売価格もほぼ ふたつ分と高価だったから、そうしたくなるのも無理はないか。

再びさておきその子供。10年以上たったある日、同色のお母さんを同じ中古釣具店で発見。感動的な親子の再会を経て、晴れてスプリットリングにて連結、今に至るワケです。果たして真の親子なのかどうか…。いや、二人がよければいい、うん、それでいいよね。

で、三たびさておきこの親子。扁平な体躯は思ったより潜り、トップ使い等ではなくキッチリ引いて使うが吉。余計なことをするとラインが絡まってエビみたいなカタチで帰ってくる。あと、これをよしとするかはよりけりだけど、ジョイントの、しかもおのおの距離のあるトリプルフッカーは、バイトしてきたバスを絡め取るかのようなフッキングに。つまり利点としてバラしづらい。逆を言うとフックがあちこちに刺さるのを嫌う人もいるはず。その場合フックを減らすか、無情にも親子の絆を引き離すのか…（笑）。

天才度 ★★★★　　B級度 ★★★★★
『もう一人見つけたら？
そりゃあつなげて面倒見る！』度
★★★★★

改造・流用・異形
BONEHEAD POPPER
ボーンヘッドポッパー
Rebel
[レーベル]
70年代～
80年代

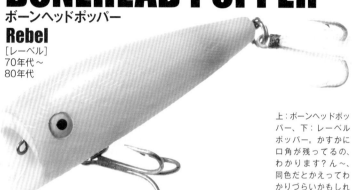

上：ボーンヘッドポッパー、下：レーベルポッパー。かすかに口角が残ってるの、わかります？ん～、同色だとかえってわかりづらいかもしれないね（汗）。

パッと見、誰かが上クチビルを削りました的な体裁がそそる、老舗レーベルのポップR誕生以前のラインナップのひとつ、ボーンヘッドポッパー（PBX100、のちにP2000）。パーティングライン（成型時の合わせ目の跡）がしっかり残っていることからメーカー側の仕業なのは確かなんだけど、実に大胆、シンプル、紛らわしい（笑）。

じゃあ何をベースにしたのかというと、同社レーベルポッパー（P4100）の上アゴを落としている。並べて比較すると口角のラインがわずかに残っているんですね。大抵ラインをつなげたりするところを、おかまいなしにバスッと一刀両断。金型の修正等を考えるとこれで事足りるからOK、てな感じだったのか。それともここがベストな位置だったのか。

で、大方の予想どおり、ラインナップ的にダーターが欲しかったのではないかと。当時は口の開いた前述のP4000番台のレーベルポッパーと、そしてアタマのサイドビュー・カットが直線的で、カップをへこませたP5000番台と呼ばれるスキッパーの2系統。バス用のダーターが欲し

いならアゴを持つP4000番台に白羽の矢が立つのは当然か。ちなみにバックフェザーがつくと"PB"になるんですと（リールズ宮宗さん、Thx）。

泳ぎのほうはというと、荒っぽい仕事のわりにはバスオレノやラッキー13よりはるかに規則正しくカラダを振ってくれるので、生粋のダーター使いには少々ものたりないかも。そしてP4000番との差はラトルイン。オシリのほうに位置するので一瞬、ポップRよろしく「このアタマで立ち浮きなのか!?」と危惧しちゃったんだけど、無事（？）ほぼ水平浮きのダータータイプでひと安心。

しかし、本来の狙いとは別のところにもっていくために強引につくられたり、いわゆる異形とされるものにはナゼか危うい魅力を感じることが多い。なんだろうなあ、人って心の奥底では平穏だけじゃ満足してないのかなあ（笑）。

天才度 ★★★　B級度 ★★★
『レーベルにしては珍しく
叙情的な名前』度 ★★★★★

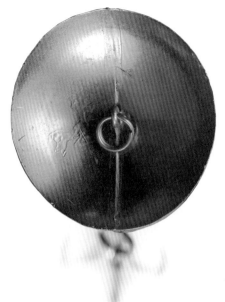

一瞬、なんの写真だかよくわからないよね（笑）。でも、これだからホントのホントにコーラを飲むことが出来た。実は売価も普通のノーマンとあまり変わらなくてね。当時、わりと周りは持ってたんだけど、どこ行っちゃったんだろうなあ。

盃は本来、交わすものである
WILLIES WOBBLER
ウィリーズウォブラー
Bill Norman [ビルノーマン] 70年代～80年代前半

　ノーマン・ルアーズがまだビルノーマンという名前だったころ、そしてボクがまだ落ち着きのない少年だったころ、チャンクと共にド迫力ツートップを形成していたグイ飲み盃、ウィリーズウォブラー。どうです、大きいでしょ。

　えっ、ナゼ盃なのかって？　当時ライギョの釣れる有名な公園が近所にあって、様々なところからいろいろな年代のアングラーが集まってきていたんですね。いつしか顔見知りとなり、これを手に入れた者たちで調子にのって「盃を交

わそう！」などと言ってはコーラをカップに注ぎ、ふざけて釣り場で飲んでみたり（笑）。

　当時は中古釣具屋というものがまだなくてね。いや、決してオーバーでなくて、その手のお店は本当になかった。強いて言えば釣り雑誌の個人売買コーナーくらい。今思えばなんの保証もないやりとりではあったけど、もちろん詐欺なんて売る方も買う方もまだ思いついていない牧歌的な時代。そんななか、コイツが仲間うちで複数あったのは、実はたまたま近所で扱ってい

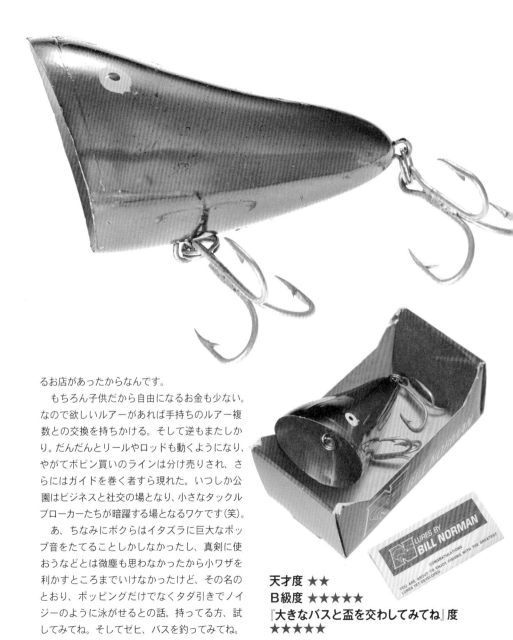

るお店があったからなんです。

　もちろん子供だから自由になるお金も少ない。なので欲しいルアーがあれば手持ちのルアー複数との交換を持ちかける。そして逆もまたしかり。だんだんとリールやロッドも動くようになり、やがてボビン買いのラインは分け売りされ、さらにはガイドを巻く者すら現れた。いつしか公園はビジネスと社交の場となり、小さなタックルブローカーたちが暗躍する場となるワケです(笑)。

　あ、ちなみにボクらはイタズラに巨大なポップ音をたてることしかしなかったし、真剣に使おうなどとは微塵も思わなかったから小ワザを利かすところまでいけなかったけど、その名のとおり、ポッピングだけでなくタダ引きでノイジーのように泳がせるとの話。持ってる方、試してみてね。そしてゼヒ、バスを釣ってみてね。

天才度 ★★
B級度 ★★★★★
『大きなバスと盃を交わしてみてね』度
★★★★★

それでもボクは生き続ける
MEAN STREAK!
ミーンストリーク

Dave's Ka Boom! Baits
[デイヴズ・カ・ブーン・ベイツ]
2000年代〜2010年代

バスの世界でなくとも赤が効くのは周知の事実。このクリアのキラキラしたエクストラテイル、サカナにはどんな風に見えるんだろう？

　一瞬だろうとよく確認しようと、その出で立ちの起源はもはや隠し通せない。ともすりゃこんなモデルがあったのかと誤解を招きそうな旧ストームベースのダイバー、デイヴズ・カ・ブーン・ベイツのミーンストリーク。

　これ、カッコいい名前だなあ。第二期ディープ・パープルの曲にあったし、カワサキにも同名の単車がある。意味は"猛者"なんですって。そう言われてみればいろいろてんこもりだもんなあ。そうそう、ラトルトットベースと思われるそのボディは後方を少しえぐられ、小指の先ほどの小さなクリアレッドのテイルを追加。赤が効くのかフック、リップをも踏襲する様は、見ているボクらも満腹感を覚える徹底ぶり。

　但し、あえてデイヴの肩を持つならば、リップの形状はラトルトットのそれとはほんの少し異なり、やや抑揚のあるラインのものに変更す

るこだわり。ここに刻印が入ることから、どうせ新規に作るならばちょっとオリジナリティを、というところか。ボクは赤づくしと小さなテイルだけでも万々歳なんだけどね。

　ところでこのミーンストリーク。ストームがラパラ傘下となり、本家のラトルトットは3Dアイ＋リアル風モールド追加となってしまった今、分家（というワケじゃないけど）が旧ストームを思い起こさせる体裁というのはなんとも皮肉。なおさらボクはこれを見てニヤニヤしちゃう（笑）。

　ちなみに後期はクリアテイルが小さなタコベイトに変更されてしまったので著しくガッカリ。旧ストームにこのテイルだからよかったのに…。

天才度 ★★★　B級度 ★★★★★
『どういうカタチであれ"香り"が
残っているのは嬉しい』度 ★★★★★

ひと手間かけて、 サカナかけて

SPECIAL BACCHUS

スペシャルバッカス

Cormoran ［コーモラン］80年代〜90年代

ラーを出していたのは周知のとおり。

さ、ここからはモデルを問わずモケモケカラー自体の話。いつのまにか本家ヘドンはただの"ファー風"なマットカラーとなってしまい、これが経年劣化で溶けるため後々ボクらを悩ませることとなる。そして本家が擬似ファーとなったあともコーモランはモケモケを続けた。もちろん使っているうちに抜けてはいくんだけど、先の擬似ファーみたいに溶けるよりはるかにいい。隣のルアーの塗面を侵すこともないし、なによりちゃんと毛が生えているのだから雰囲気がいい。

当然、本家は偉い。でも、今現在溶ける擬似ファーをやめようとはしないのは解せない。おそらくひと手間もふた手間も違うんだろうね。でも、どっちがいいかは言わずもがな。例えばザラマウスが人気薄なのは、フッキングが難しかったり用途に限りがあるからじゃなくて、きっと塗面がだらしなく溶けちゃうからなんだ。

昔のものは古いからありがたがられるのではなく、きっと手間ヒマかけて真面目につくられているからなんですね。そして利便性を追求し続ける陰で捨てられた技術もある。ノスタルジーだけではないよね、古いものの魅力って。

モケモケとレザーのシッポがいやがおうにもその気にさせる、少年の味方コーモランの水面隊長、スペシャルバッカス。見てのとおりヘドン・クレイジークロウラーのコピーなんですが、オリジナルにはないサイズ展開（クレイジークロウラーとタイニークレイジークロウラーの中間ほどの大きさ。同社トップ4より大きい）、ラトル追加、そして飛び出した目でボクらを凝視しつづけた（笑）。当時の子供たちは皆買ったんじゃないかなあ。そんなモケモケ君、当然毛のないレギュラーカラーモデルも存在するし、もちろん本家ヘドンはずいぶん先にファーを奢ったカ

天才度 ★　B級度 ★★★★
『当時は本物欲しくて
しょうがなかったけど』度 ★★★

おそらくは皆さんがよく知っているであろうホットショット。激しく振り幅の大きいウォブリングで数々のサカナを魅了してきた、名作フラットフィッシュと並び称されるクラシックベイト。小指ほどの小さなものから1オンスに迫る勢いのサイズ展開と、様々な角度と長さのリップ違い。そしてボディ後部は円筒形あり、後ろに向かってシュッと収束するものあり。上下にフィンがついているものもあれば、下部にしかフィンがないものもあり。その膨大なバリエーション展開たるや絶対的な自信の表れか、それともエースに頼らざるを得なかった苦しい台所事情だったのか。ボクらにとっては後年のルーハー・ジェンセン物が馴染み深いワケですが、数多くのブランドを抱えていたルーハー・ジェンセンも今やラパラ傘下となり、エースだったホットショットシリーズもついにその名を認めることが出来なくなる…。

さてこのホットショット・サーフェイス。元祖エディポープ時代のもので、その体躯は3/4ozほどの大柄なタイプ。ボディと一体のリップは他モデルに比べて立ち気味で、後ろから見るとオシリは正円。パッと見、ホットショット・フォーマットから外れることのない外見から、どこがどうサーフェイスなのかと思うでしょ？わかりやすく言うとこれは"ブレードなしビッグバド"。特筆すべきは意識したのか偶然の産物なのか、腰を振るたび独特なオシリからプップップッと鳴る小さなポップ音。ダイバータイプに同じ形状をしているものがあるから、多分これはたまたまだったんじゃないかなあ。

上の黒いキズだらけはウチの一軍選手。バドのように水押しが強く、ナチュラルで細かく小さな連続ポップ音。そしてピックアップ時にロッドをあおってやれば背中で帰ってくる楽チン回収。粘りのある素材は、バドのリップ折れに悩まされた人には頼もしい限り。ボクがボックスからバドを外したのはコイツのせいです。

見逃すな、この性格の違い

HOT SHOT SURFACE
ホットショット・サーフェイス

Eddie Pope
[エディポープ]
70年代

天才度 ★★★★★
B級度 ★★★★★
『本国より日本でウケる、短命モデル』度 ★★★

君はプロケネックスという名を聞いたことがあるだろうか？ テニスやバドミントン、スカッシュ等のラケットで知られ、80年代初頭にいち早くカーボングラファイトをラケットの世界に持ち込んだ、革新的かつ高性能を目指す商品開発で知る人ぞ知る存在。今現在、決してメジャーブランドとは言えないものの、大きく展開することよりも、当初のスタンスを昇華した活動をしているようです。テニスに疎いので、この表現でいいのかどうか不安なんだけどね (笑)。

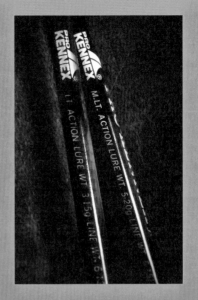

COLUMN
#2

君はプロケネックス を知っているか？

ProKennex Rod

で、このプロケネックス。実は90年台半ば、バスロッドにも進出していたんですね。当時でも激安な価格設定で、手にした人にはよくある謎の安いブランドだと思われていた節も。ゴールドロゴが1ピース、ホワイトロゴが2ピースで、ありがちなゴールド＝ハイエンドというパターンじゃないのは面白い。だって価格は一緒なんだもの。そのあたりのプロデュースはヘタクソだなあと思う。当時流行りつつあったブランクスルーのガングリップを採用し、シングルフットのガイドも相まって軽く、自社開発だけあってプレーンで滞りのないレギュラーアクションの印象もいい。ただ、残念ながらプロケネックスはわずか2年ほどで撤退することとなる。

本来、自社製造のメリットである中間コストのない正直な価格設定が裏目に出て単に安物と思われてしまったのか、ライト、ミディアムライトのみという薄いバリエーションがさらに拍車をかけたのか。確かにハードガイドは安ザオのイメージがあるけど（ちなみにボクのメインロッドは他社ハードガイドロッド）、グラファイトの革新的プロ集団が作るロッドなのになんとブランディングの難しいことか。きっとバス好き社員が懸命に上を口説いてやっとの思いで進出したんだろうに。…なんてボクは思ってた。

ところがプロケネックスには親会社がいたんですね。聞いてビックリ見て卒倒、その名はクンナン！ オールドファンにはお馴染み、あの歴史あるクンナンロッドですよ。元々バス好きな体質だったという驚愕のオチに、存在しない一社員を気の毒に思い、勝手に共感していた自分と、数奇な目の前の2本を複雑な思いで見つめなおす今日この頃であります。

ひと口サイズのカラダ精一杯、大きくクチを開けた様のなん
と愛らしいことか。つぶらな瞳も相まって、これ以上のカワイ
イ成分はもはや不要とも思えるオハイオ発、ブラッドレイ・ル
アー・カンパニーの悶絶癒し系、スピン・オー・ポップ。

　このメーカー、1987年まで存続していたらしいけど、まさに
我が国第一次バスブームの真っ只中、ちっともその存在を知ら
なかった。もちろんスピン・オー・ポップがその時期に売られ
ていたのかは残念ながら不明。後年はシミーウィッチという名
に変更されたんですが、カップ内にスピン・オー・ポップのペ
イントを持つ個体があるので、ひょっとしたらこれは後者の可
能性があるかもしれないね。

　見た目の大きなクチとは裏腹にそのポッピングサウンドは控
えめで、というよりはスピッティング寄りと言ったらいいのか。
これはおそらく軽いウエイトが関係していると思われます。な
ぜなら残念ながらまあまあな確率でひっくり返って腹出し浮き
してしまうんですね。時に斜めになることも。…ああ、これ逆
3割打者だ（笑）。あれかなあ、逆スラントなカップだから
連続したポッピングを続けるうちに上を向かせるという
作戦なのか。いや、そんなワケないよなあ。フェザー

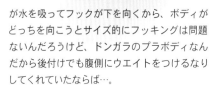

別名KAWAII

SPIN-O-POP

スピン・オー・ポップ

Bradley Lure Co.

［ブラッドレイ・ルアー・カンパニー］年代不明

が水を吸ってフックが下を向くから、ボディが
どっちを向こうとサイズ的にフッキングは問題
ないんだろうけど、ドンガラのプラボディなん
だから後付けでも腹側にウエイトをつけるなり
してくれていたならば…。

　ただ、それを補って余りあるビジュアルはど
うにも捨てがたい。かといって、ひっくり返ら
ないように加工する勇気をボクは持ち合わせて
いない。なぜならこれ1つしか持っていないから。
ここらへんがコレクターの悲しき性。でもいいか、
ウチにいてくれるだけでボクは満足だ。…いや
やっぱり、でもなあ（迷）。

とびっきりカワイイ度 ★★★★★
B級度 ★★★
『本当はバスに襲わせたい』度 ★★★★

パッと見、海用に思えるいでたちですが、多分にして海用だと思います（笑）。老舗ボーマーが贈る、見た目と違って芸達者、フローティングマレット。

これ大方の予想どおり、当然シンキングも存在。見かけることはそっちのほうが多いでしょう。見分け方としてフローティングは鼻っ面にウェイト、サイドにFloating Mallet のネームモールドあり。但しロゴの大きさのわりによく見ないとわかりづらいので要注意。シンキングのウェイトはフロントアイ直前だったかと。ま、年中ルアーをいじっている皆さんなら、持てば浮くか沈むかわかるよね、きっと。

さてこのフローティングマレット、前方ウェイトの印象を裏切りほぼ水平浮き。チョン、チョンと動かしてやるとやはりウェイトとラインアイの位置のおかげかアタマを突っ込みダイブ。そう、まずは強めの浮力ですぐにピョコンと浮かせる、いわゆるトップウォーターミノーイング的な使い方。そしてひとたびリトリーブすれば微細なバイブレートを伴い水面下20cmくらいを泳ぐ。さらにそこで連続ジャークを試みると左右20cmくらいの振り幅で水中を飛ぶようにやってくる。したがって海用なれど実際よくバスを連れてくる、と。

もっともダラ〜ッとしたちっとも抑揚のないボディラインに、ボーマーらしい出目はすぐに欠けて飛んでしまうワケですが、むしろこのくらいの体裁のほうが照れ臭くなくてボクなんかにはちょうどいい（笑）。

そんなワケでこのフローティングマレット、我が国に入ってきた期間はそれほど長くはなかったようで、人気もなければ需要もないパターンは例によって出会うのもなかなか難しい。ヒントはそう、いでたち的にソルトコーナーを狙うといいかもよ。

不格好な芸達者
FLOATING MALLET
フローティングマレット
Bomber
［ボーマー］2000年代

天才度 ★★★
B級度 ★★★
『後期はシンキングのみで大きな今風の目』度
★★★★★

恐ろしく大きなプロペラを後部に持つ、恐ろしく大きな期待を抱かせるクランクベイト、トリプルストライク。ただプロペラが回るだけならばまだしも、実はコイツ、逆に進むことが出来るという夢のような超ギミックを載せているんですね。

このプロペラ。実はゼンマイによるパワーパック（心臓部）とつながっていて、それは弱い力でも巻けるようにセッティングされている。つまりリトリーブ時にプロペラが回転しゼンマイが巻かれ、ストップしてラインテンションをゆるめてやると巻かれたプロペラが逆に回転し始め、ルアーは後ろに戻る。したがって気になるポイントや見えバスを相手に通って、戻って、また通る、というチラ見の曲芸的アプローチが何度でも可能。

実はアイディア系というよりは欲求系のこのルアー。多分、軽く巻けて戻るゼンマイの塩梅にはかなり苦労したと思う。さらにリトリーブ時、プロペラの回転トルクに引っ張られてボディが回転しないように、反トルクを生み出す非対称フィンをボディに施してある。回転軸とは逆に傾くようにセッティングし、相殺されて初めてまっすぐ泳ぐというワケ。バランス取りには多くの試行錯誤があったんだろうね。

で、このトリプルストライク。アソートBOXが存在していて、本体3つプラス、なんとそれとは別に交換用パワーパック3つ付き。しかもそのうち1つはクリアペラというセレクトの妙に涙。さらにさらに、交換するための金属バーがBOXに固定されていて、押しつけるだけでパワーパックが外れるといういたれりつくせりなこのBOX。秘密兵器感、たっぷり（笑）。

ルアーの顔は何度まで？
TRIPLE STRIKE
トリプルストライク
Advanced Angling Concepts
[アドヴァンスド・アングリング・コンセプツ] 2000年代前半

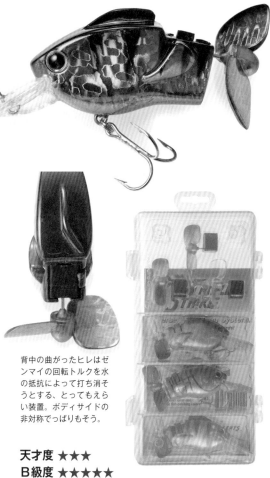

背中の曲がったヒレはゼンマイの回転トルクを水の抵抗によって打ち消そうとする、とってもえらい装置。ボディサイドの非対称でっぱりもそう。

天才度 ★★★
B級度 ★★★★★
『超ギミック載せて。夢をのせて』度 ★★★★

葉巻を咥えたギャングバスはいつ見ても洒落ていて、当時の雰囲気をバッチリ伝えてくれるナイスなイラスト。ルアーブランドの中でも1、2を争うカッコいいロゴマークだと密かに思っている、ホッパーストッパーのハーベイ・ホッパー。例え後ろ向きと言われようと、いい時代って確実にあったなあ、とノスタルジックな気分にさせてくれるワケです（笑）。

そんな愛すべき左派的B級メーカー、ホッパーストッパー不動のスター選手、ヘルレイザー。カタログに想いを馳せていた当時、そのシェイプからパタパタ横に倒れながら首を振るんだろうなあ、なんて妄想を膨らましていたんだけど、いざ入手してみると、見事なまでに立ち浮きで見事なまでに首振りなんぞしない。これは思っ

てたのと違う！　と、うろたえたのを覚えてる。ところがそんな気持ちとは裏腹にすぐ結果が出るんですね。あれからウン十年、未だ一軍に居座るこの老兵を頼るシーンのなんと多いことか。

先のとおり立ち浮きで、少しあおるとお辞儀してピョコンと戻る。シンプルだけど実に表情のある動き。プラス、アゴ下の平面カットとリアペラが醸し出すなんともいえないピチュピチュ音。もちろん回収時のようなタダ引きでも出る時は出るけど、それはおそらく本意ではない。コイツの真骨頂は移動距離の少なさと、ナチュラルなサウンドなんじゃなかろうかと。ただ、単調になりがちなアクションであるがゆえ使い手が参ってしまうのも事実。したがってここぞというスポットでピチュピチュさせるのはもちろんだけど、ボクはもっぱらフォローベイトとして使う。足の長いプラグやタダ引きでのらなかった時、間髪入れずヘルレイザーをピチュピチュ、とやると…、ほら！　なんてね（笑）。

ところで近年、プラドコからヘドンブランドにてヘルレイザーが復刻されてましたね。ね、いい時代のいいルアーを想う気持ちは決して後ろ向きじゃないってことだよ。

第一印象で
決めてました、か？
HELLRAISER
ヘルレイザー
Whopper Stopper
［ホッパーストッパー］
90年代〜2010年代

天才度 ★★★　　B級度 ★★★
『必殺ワンポイントリリーフ』度 ★★★

アタマをUの字に切り欠いた体裁は皆さんご存じのとおり、サウスベンドの名作バスオレノのフォロワー。いや、もはやこのタイプはダーターのひとつのフォーマット、と言ってもいいのかもしれないね。

というワケで有象無象の、たくさんのバスオレノさんがひしめく中、少しだけアレンジをしてみたのが老舗ライト＆マックギルのラスラー。ちょっと調べてみたら50年代にはすでに存在していたとの記述を発見。ずいぶんとお年を召したフォロワーだったんだね。オリジナルとはサイズ、そしてプラスティック製と素材も違うけど、なによりテイルにブレードを追加したのは一番のズルいポイント。

バスオレノタイプはゴボッと音を立ててダイブさせてもいいし、もちろん普通に引けばクランクベイト的な使い方も出来る便利屋稼業。でも真骨頂はやっぱり"数センチ下ヌルヌル"かと。

トップへの反応が今一歩な場合、水面と水面下数センチで変わることもしばしば。ほんのちょっとヌルヌルっと潜らせてストップ、を繰り返すと、さっきまで静かだった水面が割れたりするんですね。さらにコイツの場合、キラキラと輝く装飾物をまとっているからなのか本当によく釣れる。これはまさに頼みのピンチヒッター的な存在。

あ、ちなみに写真のものは3兄弟の真ん中で、ロングボディの長兄と超ショートボディ・ワンフッカーの末っ子がいるんだけど、実は末っ子が一番強いとのウワサですぜ。

原寸大

ヌルヌルっと数センチ下

RUSTLER

ラスラー

Wright & McGill

［ライト＆マックギル］50年代〜70年代

天才度 ★★★
B級度 ★★★
『何度もフックとブレード替えてる"ボクの真剣"』度
★★★★★

果たしてどちらが本名なのか
D9
ディー・ナイン
Ditto [ディトー]
80年代後半～90年代

　さてこのクランクベイト、一見、モデルＡを
シェイプアップしたような、なんの変哲もなさ
そうなボディ。泳ぎのほうもウォブリングが強
めの、どちらかというとクラシカルな感じですが、
これがよくサカナを連れてきてくれた。例によっ
て安価なことがボクらの購買意欲をあおってく
れたワケで。ディトーというところの管理社会下
ディストピア風ナンバリングネーム（笑）、D9。

　ちょっと硬度が低めで曇りがちなボディは価
格に比例した安い材料だったのかもしれないし、
ペタッと貼りつけた上からざっとコーティング
したシールアイは剥がれやすかったり浮いてい
たりしたんだけど、一時期、ロストの多い、さ
れどクランクベイト必携のポイントにたくさん
持ち込みました。ま、実を言うとよく釣れたと
いうのは、安いから使用頻度が高かったという
裏返しかも？（意外と重要だよね）　でもダズル
のホットタイガーと通常のホットタイガーを用
意していたり、目を後ろに持ってきたクロウな
どのカラーラインナップ、VMCフック装備を高
らかに謳うなど、それなりに頑張っている様子
は好感度高かったなあ。

　で、実はこれ。ボクが買いまくった時は違う
名前で出回っていたんです。その名も“ベクト
ロン”。そう、ノンラトルで釣れ釣れという、密
かに話題になったサンシャイン・ルアーズのあ
のクランクベイトと同名。なにか関係があった
のか、はたまたまるっきりの偶然なのかはわか
らないけど、この名前で売られていてボクが買っ
たのは確か。ま、こっちはラトル入りだし特に
共通項も見出せなくて、こりゃあたまたまだな、
という気がしないでもない。

　いずれにしろ、一応は名品とされるベクトロン
と同じ名前で呼ぶのは混同しちゃうし、なん
だかちょっぴり悲しいし、パケ表記のこちらの
名前で呼んであげたほうがコイツのためでもあ
るかな、と。でもこっちの名前もカッコいいじゃ
ありませんか。自己主張、自己主張。

天才度 ★　B級度 ★★★
『偽りの名、仮初めの名。本当の名は？』度
★★★★

1999年、ラパラによるストームの買収。ボクらバサーにとって、のちのスクウェア・エニックスの件なぞ足元にも及ばない、まさに衝撃の出来事でした。まず、とっかかり的に合理化を図ったのはストーム・ワートシリーズ。ボディを共通化し、リップの差し替えでウィグルワート、ミッドワート、サブワートとする戦略的モデルチェンジ。嫌いじゃないんだよね、パーツ共有や入れ替えで違うプラグに仕立て上げる手法は。

ただ、結局ボクが手を出したのはこのサブワートだけだった。なぜならニュー・ウィグルワートのそのみてくれには少々ガッカリしたし（のちに旧体裁のオリジナル・ウィグルワートが並売された都合上、名をディープワートに）、リップの角度がマイルドで短かいミッドワートの印象も大差はなかった。だけど今回の新しいプリントやジャパンスペシャルのクリアボディ＋水平反射板はとっても新鮮で、かつ、サブワートのキャラクターにとっても似合っていると思ったんですね。だからこの買収、実はサブワート誕生のために必要だったと密かに思ってる。決して公言しないけど、心の奥底でそう信じてる（笑）。

さて全3サイズ展開のサブワート。残念ながらウチに末っ子は不在、かつよく使う大の印象になるけど、まあ見事なまでに潜らない。ワンマイナスと比べると断然硬い肉薄ボディの成せるワザだろうか。これはサブワート一番の美点。手早く水面を探るための重要なファクターだからね。但しこの差し込みリップ、構造的に不安しかないと思っていたら、やっぱり折れた。しかもボディ同様、硬く割れやすい感じだもの。ピンバイスでボディ、リップ共に穴を開けステンレス線で繋ぎ、エポキシ接着剤で固めて使っているけど今のところは大丈夫。もし同じ目にあった方がいたならば、諦めないで復活させてやってください。

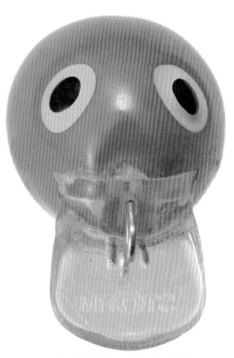

リップの中に通っている２本のステンレス線、ご覧いただけるだろうか？　エポキシ接着剤をつける時はモリモリ豪勢に、思いっ切りはみ出すくらいでちょうどいい。

合理化の超絶副産物
SUB WART
サブワート

Storm［ストーム］2000年代

天才度 ★★★★　　B級度 ★★
『ピンクの似合うルアー、上位ランカー』度
★★★★★

原寸大

STORM
SubWart®
Swimming Depth: 0'-1'
Profondeur de nage: 0-0.3m

JAPAN

77¥598-

値札でちょうど隠れてるけど、
かろうじでJAPANの文字が。
このジャパンスペシャルカラー
は新鮮でよかったよね。

サイエンスキッズ
FRENZY MINNOW
フレンジーミノー
Berkley
[バークレイ] 90年代後半〜2000年代

　釣れるルアーを開発するために巨額の費用を投資した、世界最高の研究所を持つバークレイ。ありとあらゆるシチュエーションでルアーを動かし、生きたバスを相手に日夜研究しつづける。超絶ハイテク技術を駆使し一切の妥協ナシ、満を持して産まれたのがバークレイ・フレンジーシリーズ。

　その研究成果をいかんなく発揮したラインナップはペンシル、ポッパー、クランク、バイブレーション、ミノーで、シリーズに共通するのは特徴的な下腹部のでっぱり（ペンシルを除く）。浅はかなボクはでっぱりの頂点にベリーのフックアイを持ってきて、ボディとフックをなるべく遠くしたのかな、なんて思ってた。でも、ラトラーと呼ばれるバイブレーションは頂点よりずいぶん前にベリーのアイが…。そうか、これが噂のハイテクで水流を計算しつくした究極のカタチなのか!? と、一瞬、妄想を膨らませたんですが、のちに聞いた話では、どうやらキャスタビリティ向上のための形状とのこと（プラス、重心移動システム搭載）。

　まあ、でっぱりがどういった理由であれ、シリーズに共通する特異なフォーマットは個性を演出するには十分すぎる。さらにでっぱりも含めた形状が水流その他を意識しているはず、と期待せざるをえないアクの強さ（笑）。さらにさらに。一線を超えた感を加速度的に高めたのは

チョコベビーのような鋭いセンスのカッコいいケースと、紙媒体のような、アミ点でグラデーションを表現する独特のナチュラルプリント。しかし、リアルなはずなのに圧倒的に生物感の薄い、まるで死後一週間は放置され腐乱したサカナを一同に集めたような匂いたつカラーラインナップ。そして同じプリント手法をそのままノンナチュラルカラーにも用いた結果、写真のクラウンカラーですらどこかぎこちないケツの座りの悪さ。個々の表情のバラツキのなさ、均一な感じが生物感の希薄さにつながるのか。工業製品としては正しい方向なのに。

　が、ベクトルは違えど科学の塊のようなルアーも行きすぎると、感性だけで作ったルアーに負けず劣らずヘンテコリンオーラを発するもんだね。ちょっと嬉し…、いや、ビックリ（笑）。

天才度 ★★★
B級度 ★★★★
『バークレイ研の使用済み検体』度 ★★★

ちょっと前にスカイフィッシュというUMA（未確認動物）が話題になったのを覚えているだろうか？棒状の長いボディとそれに沿うようなヒレを持ち、空中を高速移動するという謎の生物。未だ捕獲例はなく、しかし画像だけは多数の報告があるというなんともヤキモキさせられるUMAだったんですね。結論としてハエやガが飛翔する際、残像として写りこんだものとしてとりあえずの決着を得たようだけど、少数の肯定派も根強く残っているようで。

というワケで空中と水中の違いはあれど、そんなスカイフィッシュを具現化したようなルアーが存在していたとは夢にも思わなかった（笑）。シンキングのこのお方、残念なことにこちらも正体不明でメーカーも名前も力不足で全くわからず。造りを見るとずいぶんと古いプラグということだけはなんとなく想像出来るんだけど…。

アクションも皆さんの予想どおり、二段目と三段目が交互に回転するんですが、やはりロングヒートンをただ通しただけのボディは決してスムーズに回ると言えないのはご愛嬌。それでも「こうしたい」「こんなのが欲しい」感が十二分に伝わってくる素敵な素敵な体裁は愛おしくもあり、ちょっぴり物悲しくもあり。今だったらベアリングを仕込んだりとか、バリ取りやシャフト次第でうまいこといったのかもしれないね。

ぎこちなくもお腹とお尻をクルクル回すその姿。いかにも効きそうな感じはプンプン匂ってくるし、きっと釣れちゃうんじゃないかと思う。ああ、やっぱりボクのなかでは君が巷でウワサのスカイフィッシュそのもの。いや、ウォーターフィッシュとでも呼ぶべきなのかもしれないね（意味不明。笑）。

巷を賑わした UMAの正体は

UNKNOWN SKY FISH TYPE
スカイフィッシュタイプ（名称不明）
Manufacturers Unknown
［メーカー不明］年代不明

天才度 ★★
B級度 ★★★★
『いや、本当にソックリだから確認してみてね』度 ★★★★

バス釣りに ベテランの引退なし

KEEL HEAD
キールヘッド

B.P. Bait
[BPベイト]
1999年 ~ 2020年現在

フックシャンクがうまいことボディに収まるようになっている。それでいてオープンウォーターでのフッキングも申し分ナシ。この手のプラグでキールヘッドの完成度は群を抜いて高いと思う。

　ショップ系ブランドとして草分け的な存在といえるバスポンドのBPベイト。頑なにショップ形態にこだわりつつ独自のブランドを精力的に展開する様は、まさに頑固一徹なオーナーそのもの。その一方でいち早くカヤックフィッシングやタイニーサイズのトップウォーターゲームを提言するなどフレキシブルな一面も持ち合わせる、いつまでも元気でいて欲しいショップのひとつでもあります。

　そんなBPベイト極初期より今に至るまで一線で活躍し続けているのがこのキールヘッド。ダブルフックのワンフッカーという出で立ちからウィードレス効果の高そうなルアーだということは容易にうかがえるんだけど、加えて腹部にフックシャンクがセンターに収まるような凹みがあり、よりその効果を高めるボディワークが施されているワケです。実際、パラ葦や竹ボサの奥に放り込んでも、何事もなかったかのようにすり抜けてくる様は圧巻。中空フロッグの独壇場となるウィードポケットも、極

力柔らかいルアーを使わないボクにとってはキールヘッドの出番。懸念のフッキングもこの体裁としては上々の上で、オープンウォーターですら使いたくなる、滑らかに簡単に首を振る気持ちのいいアクション。さらにキモだと思っているのは、実は重めのラトル音。これ、ボディ材と厚みとラトル球の見事なバランスの賜物なんだろうね。

ただ、ひとつだけ欲を言わせてもらえるのなら、ワンサイズ小さめが欲しい場面も。発売時期的に1ozクラスのトップウォータープラグが主流だったからこのサイズなのは重々承知だけど、アクション、音キープで5/8ozくらいのものがあったとしたら…。

でもね、いいものは時を経てもいい。特にボクらが好きなバス釣りにはその余地がうまいこと残されている。自分の好きなスタイルで遊べる余地がね。

天才度 ★★★★
B級度 ★★
『ボク的中空フロッグ』度
★★★★★

これ、釣った次の日に気がついて思わず写真に残しちゃった。すごい歯型でしょ。これもキールヘッドの成せるワザなのか。

穴を開けて差し込み式の目を入
れてるヤツが最後期。これがカ
ンタンに折れるもんだから、余
計なことするなあ、と（泣）。

たとえ君が変わってしまっても

DOODLER
ドゥードゥラー

Wood MFG / Wood Lures
［ウッド・マニュファクチャリング / ウッド・ルアーズ］60年代 ～ 2000年代

ウッド・マニュファクチャリング時のモデル。重厚な塗りは後期に比べて迫力アリ。で、ノンラトル。プロペラはダンベルのような以降のモデルのほうが好みだけど。

便宜的に中期モデルといったらいいか。一番好きな時期のものだけど、材質のせいか残念ながらボディに反りが出て左右に割れてしまう個体が多い。こちらもノンラトル。

　むかしむかし、ウッド・マニュファクチャリングという、社名にWoodと銘打つもプラスティックルアーにも精を出しているメーカーがありました。プラスチック製にもかかわらず重厚かつ雰囲気のある素晴らしい塗りとオリジナリティ溢れる造形、変わったリグで、独特な存在感をかもしだしていたんですが…。
　というワケでドゥードゥラー。左ページのものは、WoodはWoodでも比較的最近のもので、後年のWood Lures名義。残念ながら美しく質感の高い塗りとはほど遠い、やぶれかぶれ感すら覚える対極の塗り。とくに3フッカー・ノースピナーのこの個体、表面は気泡だらけだし、スポットもざっくり感覚だけで落としてる感アリアリ。最初は「ヒドい…」と思ったんだけど、それでも慣れてくるとこれはこれで、と思えてしまう暴力的魅力。いや、きっとボクだけなんでしょうね、そう思って自分を納得させるのは（笑）。
　どの時代のものもほぼ水平浮きで、小気味よく首を振ると同時にポッピング。素材等の違いはあれど昔の型を流用しているはずで、容易に動く様は好印象。後年のものは硬度の高いボディ樹脂のため、これまたカラカラとかん高いラトル音を響かせる。そしてだいぶ甘くなっているとはいえ、カオ回りの造形はドゥードゥラー的イチ押しポイントだし、85mm、100mmの各モデルとも気持ちよく投げれる使いごろのサイズ展開。
　さらに特徴的なベリーのリグ。これも昔のものを踏襲するカタチ。どんなにお化粧がヘタクソでも、こういう部分を継承してくれているだけで嬉しくなっちゃうよね。もしかしたら大量にパーツを作ってしまった、またはリグ穴の位置的にこれを使い続けるしかなかった、なんてとこかもしれないけど。
　いずれにしろわりと最近まで販売されていたはずで、劣化したヤケクソな装いでも入手出来ることに感謝、感謝でございます。

天才度 ★★　B級度 ★★★★★
『愛こそはすべて』度 ★★★★★

さりげなさが実はマニア
MANNIAC
マニアック
Mann's Bait Co.
[マンズベイト・カンパニー] 2000年代

マンズ。どうしてマンズはこうなのか…。ボクはこのメーカー大好きで～す!!!

マニアック。一見オーソドックスな、ともすりゃ地味な部類のボディワーク。しかしよく見れば側面形はワンマイナスをつぶしたカタチっぽいぞ、さすがは同社ラインナップ、この統一感! とか、微妙にザラ感のある表面処理はマンズのことだから水流剥離あたりを考えてのことだな、きっと（よく見たらラメによるものだし。笑）、であるとか、些細なポイントに触れることは十分可能なんだけど、その程度ではマンズベイト・カンパニーの名がすたる。

じゃあ、どこがマニアックなのかというと、なんとラインアイが左右に可動式なんですね。いや、可倒式と言ったほうがいいか。これね、バタバタ感が増幅されるのか、とか、いや待てよ、アイとボディの動きで相殺されて、もしかして意外と動かないんじゃない? であるとか、なら

ば回避能力向上のためか、なんていろいろ考えたんだけど、実はセルフセンタリングラインタイシステムという、アイチューン不要のためのギミック。なるほど、支点さえボディに対してまっすぐならばいいんだ。さらに同様の可倒式ラインアイを持つアキュトラックというクランクベイトを用意していたマンズ。してやったり感は相当のものだったはず。

が、しかし。ボクはなんでもかんでもコストのせいにしちゃうんだけど（笑）、やっぱり通常のラインアイに比べたら手間とお金はかかりそうな気配。自分でチョイチョイっと調整すればいいことだし、わざと曲げて使う、文字どおり曲者バサーもいるワケで、残念ながらアキュトラックシリーズはマニアックより先にカタログ落ちしております。

ところで、実は我が国でも可倒式ラインアイを採用しているバイブレーションが存在してるんですね。ティムコ・ワンノッカーバイブレーションがそれ。こちらは立ち上がりのよさやアクションを大きくするためで狙いはマンズとは違うみたいだけど、果たして真相やいかに?

天才度 ★★★★
B級度 ★★★★★
『常に孤高。それがマンズ』度 ★★★★★

左：マニアック、右：ワンノッカーバイブ。こうして比べると構造やラインアイの動きは一緒のように思える。いずれにしろなんらかの効果を認めたということだね。

原寸大

独自性あふれるヨーヅリのバスプラグはいつも楽しげ。その一方で名作と呼ばれるルアーを数多く輩出しているんですが、どちらも共通するのは"本気さ"なのでないか、とボクは思う。後者は言うに及ばず、一見、楽しげに見えるプラグも機能性をおろそかにすることなく、本気の遊び心を惜しみなく注ぐ。それは"なんかおもしろいカタチだから"というとりあえず感とは確実に違う。そんな気がしてならないんですね。

さて、このビッキー君。当時のフォーマットとしては主流となる、ワイヤーガードを備えた下向きシングルフックのフロッグ。但し、そのタイプの多くがラバー製のワンピースボディだったため、足が切れたりするともう尋常でないガッカリ感（笑）。そんな思いに応えてくれたのがこのデタッチャブルレッグ（仮）なのではないかと。

リョービのマッドスウィンガー・シリーズも同じ体裁の、付け替え可能な脚が付属する親切心あふれるフロッグだったけど、ビッキーの場合、まず付属する脚のカラー・形状が３つ全て違う（残念ながら写真は１タイプのみ）。フロッグの性格上、脚の違いで果たしてどこまで差が出るのか…、という気が正直しないでもない。でも「このシチュエーションならこの脚じゃなきゃ！」というセレクティブな人がいるのならば、ボクはその人のほうが気になっちゃうなあ（笑）。

カラーいろいろ、カタチいろいろ。そんなパーツを好き勝手に装着できるということ。それはとても楽しいし、先のように戦略的にもワクワクできるなら最高。ハードボディもツール感という意味では気持ちいい。

と・こ・ろ・で。当時のパンフには上向きフック＋シンキングタイプの存在が…。実はこれ、ボクはもちろんのこと、周りでも見た人がいないんだよね。果たして発売されたのかな？？？

ルアーとは 本気の玩具なり

VICKY

ビッキー

Yo-Zuri

[ヨーヅリ] 80年代半ば

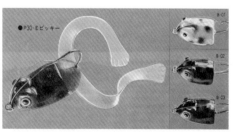

●P30・Eビッキー

B-01
B-02
B-03

天才度 ★★★
B級度 ★★★★★
『脚で侵される塗面は無念』度
★★★★★

おフランスざんす。スピナー・スプーン貴族ルブレックス。メップスと並んで早くから我が国に入ってきていて、マス屋さんにはもはや古き良き時代の懐かしい響きかも。

このフロピー。金属製のキールに中空ラバーボディをかぶせたシンキングプラグで、5/8oz、1/4oz、1/8ozと記憶では3サイズ（写真のものは1/4oz）。特筆すべきはラバーボディを生かしたそのギミック。ボディ両側面の穴にリップ付け根の突起をはめこむように装着されているんです、実はこの付け根が軸になっている。そしてアゴ下にはスリットが2つ…。そう、リップを引っ張るとボディがゆがみ、次のスリットにリップを移動すれば角度が変わる、という仕組み。クラシカルな外観とは裏腹な裏ワザ。いつの時代も創意工夫と情熱に溢れたものは面白い。

さて、ここからが本題でして、フロピーというと上にあるこいのぼりのようなタイプを思い浮かべる方が多いと思うんですが、問題は下の白い巨眼タイプ。これ、ボディがプラなんですね。となると、先の説明のリップ可変はどうなのか。固定式になったのか？

可変。そして改変
FLOPY
フロピー
Rublex ［ルブレックス］70年代～80年代

…ご安心ください、ちゃあんとギミックは生きている。実はこの白巨眼部分のみラバーで、やはり上記の方法により可変可能。しかもスリットがひとつ追加されていて三変化。おまけにボディ自体がプラなもんだから、スリットにはめこむカッチリ感は見事向上。多分これ、後期モデルだと思うんだけど、金属キールやリップはラバーボディのものとほぼ一緒。思った以上にラバーにお金かかったのか、それともギミック追求に走ったのか。いずれにしろ、前期と後期でかなり印象の違うお二方なのでございます。

天才度 ★★★★
B級度 ★★★★
『整形前、整形後。どちらが好み？』度 ★★

真夜中の危険な水浴び
MIDNITE MOUSE
ミッドナイトマウス
Loon Country Lures
［ルーンカントリー・ルアーズ］
90年代

ルーンカントリー・ルアーズという、片ペラがボディに埋め込まれていて、アタマなりオシリなりグルグル回転しつつ、グワッパッ、グワッパッ、グワッパッ、とけたたましい音立てるマスキールアーを作っていたところ。そこんちの可愛らしい夜更かしネズミ君、ミッドナイトマウス。

ウッド製ハンドメイドで見てのとおり、個体差はあれどグラスアイをつけ、ヒゲや背中のネームが手慣れた感じでササッと描かれているあたり、個人的にはなかなかグッドな印象。このへんは"ルアーに何を求めているのか"でずいぶんと違ってきちゃうんですが、これを粗いと思うか個性や味と感じるのかはアナタ次第、といったところでしょうか。

浮き角は予想を裏切って水平浮き。首を振らせてアタマの段差で多少の泡を出したり、ブレードをヒラヒラさせたりできるんですが、真骨頂はタダ巻きなのではないかと。リアのブレードが醸し出す水ヨレ具合は、ネ

ズミ君が一生懸命水面を泳ぐ姿を狙ったんじゃないかなあ。

そんな夜更かしネズミ君にはカスタムなるヴァージョンがあって、左・中の背中にはカスタム、右の派手なヤツは普通にミッドナイトマウスとネームが入ってる。何が違うのか、と思ったらカスタムはブレード接続部がスナップスイベルになっているんですね。さらに驚くべきは日本限定モデルがあるんですが、パッケージには"日本限定、レッドヘッド・ブラックブラウン"と書いてある。どこかのナイスな代理店が働きかけたのかもしれないけど、我が国での知名度の低さではジャパンスペシャルを用意したところで多勢に無勢。価格も高めで少々手を出しづらい存在ではありました。でも、わざわざボクらのために用意してくれるその気持ち、なによりそれが嬉しいじゃありませんか。

天才度 ★★　　B級度 ★★★★
『窮鼠、猫を噛めるか?』度 ★★★★★

　友人は「日本のバスプロショップス」と呼んだ…。上州屋のいちブランドとしてシンカーからボートまで幅広く、そして総合的に展開していたケンクラフト。海外メーカーへのアプローチも積極的に行い、バグリー等にオリジナルルアーを製作させたり、ともすれば第三の総合釣具メーカー

となりえるほどの勢いだったワケです。が、しかし。安売りのイメージが強い上州屋のみのブランド展開が災いしたのか、その規模を徐々に縮小。そして現在、ソルトルアー等をほんの少しラインナップに残すのみ。売るほうも買うほうも贅沢

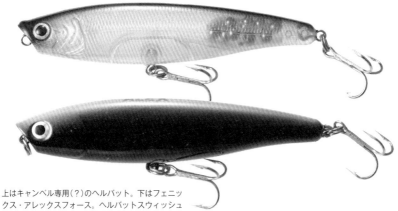

上はキャンベル専用（？）のヘルバット。下はフェニックス・アレックスフォース。ヘルバットスウィッシュなるシングルスイッシャーも存在する。積極的で幅広いアプローチが信条のケンクラフトらしく、複数の型を用意するという、今では贅沢に思える商品展開。

ないい時代だったんですね。

そんなケンクラフトの立ち上げと共に登場したケンスティック。ティファのフィリップバナナ・スプラッシュペンシルRJを多分に意識したであろうこのお方。実は海外マニアに「ケンスティックを手に入れるならどんな手段もいとわない」と言わしめる意外な逸品。同ブランクのOEM、フェニックス・アレックスフォースやその後生まれた数々のフォロワーでは満足出来ないんだそうだ。

ボクの友人、もう一人のKENマニアいわく、おそらく"ラトル音"が違うのではないかと。「ん、ちょっと待った、アレックスフォースも同ブランクですぜ？」彼いわく、どうやらケンスティックはメッキ＋ボーン素材のみらしい。OEMには加えて通常ペイントやクリア素材が混在すると。

海外マニアの話に戻すと、きっと無視出来ないほどの釣果の差があったんだろうなあ。ボクらもお気に入りが製造中止になったら代用出来そうなヤツを探して試すじゃない？　でも「やっぱり本家じゃないと」なんて言い出すんだ。釣り人に国境ナシ（笑）。

ちなみに実はアレックスフォースのほうが数ヶ月ほど早い発売だそうだ。多分同時進行だったんだろうけど、ケンクラフトブランド発表前で立ち上げが絡んだぶん本家のほうが遅いという珍現象。しかし、ここまで知ってるKENマニア。熱意は海外組にも負けてないよね（驚）。

天才度 ★★　　B級度 ★★★
『マニアにも国境ナシ』度 ★★★★★

古今東西、鳥のルアーは生まれては消え、消えては生まれてきた。もっともモチーフ止まりから鳥そのものを食わせようとしたものまで、その振り幅は実に大きい。中でもこのソーンウッド・ルアーズ、バードルアーは後者の最たるものなのではないかと。

　今のご時世、ほとんどのちょっとしたシーンならば動画サイトで拾えるワケで、鳥にアタックするサカナなんかもすぐに見つかる。滅多に見れない貴重なシーンを全世界といとも簡単に結びつけてしまうすごい時代。そりゃあテレビ番組も衝撃映像なんとやらって特集を組んでしまうよね。ただ、便利さと引き換えに失うものも少なくはない。そんな昨今の状況をボクは密かに怖いと思ってる（笑）。

　どうでもいい話はさておき、ボクの友人も鳥がバスに喰われるシーンを見たと興奮冷めやらぬ様子で話してたっけ。残念ながらボクは見たことがないんだけど、それ、目撃したら鳥パターンで釣ってみたくなるのがバサーの性。きっとこのルアーを作った人も見たに違いない。夜な夜な思い出しては悶々と、さらにもたげる良からぬ企ての末、生まれたルアーに違いない。

　さて全長90mmほどのこの小鳥ちゃん。反り返ったボディとファーの翼も手伝ってかなりのボリュームなれど、比重は低めなのでこの手のルアーとしてはキャストが苦にならないいい塩梅。ラインアイの位置からもわかるようにチョンチョンお辞儀は不得手で、そのほとんどをターンの強弱、ポーズでやり通す感じ。ただ翼の存在感は相当なもので、ともすれば民芸品になりそうなところをハイピッチで細かく泳がせればなかなかの鳥っぽさ。ん〜、なんだかいけそうな気がする。カラーバリエーションもそこそこあるけど、これ、リペイントしてたくさん鳥を揃えたら楽しいだろうなあ。そして時折ロッドを双眼鏡に持ち替えてマッチ・ザ・バード探し、ですよ（笑）。

あの時見たんだよ、ガボンッて

BIRD LURE
バードルアー

Thornwood Lures
［ソーンウッド・ルアーズ］　2000年代〜2010年代

天才度 ★★
B級度 ★★★★
『雁首揃えて待ってます』度 ★★★★

名は体を表すとか、目は口ほどにものを言うであるとか、目に入れても痛くないという言い方も出来なくもない。そんなことわざ三昧が似合うこのお方、ダイヤモンドラトラー。

ストレイダーは特徴的な目を推す気満々で、ダイヤモンドアイ・ルアーズというブランド名を展開するに至る。ノンスピナーのスクールティーチャーは、とても洒落ているけれど縁もゆかりもない名前を持っていることから、まずは先にこちらのダブルスイッシャーありきだったことが容易に想像出来ます。

でもこれ、都市伝説好きのボク的には、1ドル札に描かれている三角の中に目が光る、フリーメイソンやイルミナティのプロビデンスの目をつい思い浮かべちゃうんですね。我が国の1000円札も透かしてみれば野口英世の左目と裏の富士山が重なって例の目になったり、映画やCM・ドラマ、タレントのポーズから建築物の体裁まで、不特定多数が目にするありとあらゆる媒体にサインが散りばめられているとまことしやかに囁かれているワケで。

アメリカにおいてバスフィッシング業界のポジション・影響力は我が国とは比べものにならないくらい強大で、これを利用しないのはウソ。ルアーにもそんなのがあってもおかしくない。もしかしたらバス大好きなメンバーの差し金かもしれないし、そもそもオーナーのキャプテン・ジム・ストレイダーがフリーメイソンだったのかもしれないし…(笑)。

とまあ、見当違いな話はこのへんにしとくとして、このダイヤモンドラトラー、水平浮きで首も振るし、その名の通りカラカラと騒がしいラトル音、とにかく釣れない要素はないんですが、ボクはまだ釣ったことがない。というのもね、材質のせいか経年劣化で細かいヒビが入り、そのヒビどおりにブロックごとポロポロ欠け落ちてしまうんですね。これには本当に参って、怖くて使わなくなっちゃったんです。もちろんこれ

は個体差なのかもしれないし、きっと大丈夫なヤツもあるだろうから、いつかはあの秘密結社の目ヂカラの真髄に触れたいと切に願うのでありました。

全てを見通す神の目
DIAMOND RATTLER
ダイヤモンドラトラー
Strader Tackle
[ストレイダータックル]
70年代～80年代

目玉のマーク見えるかなあ? 怪しい感じでしょ? マーブルカラーはストレイダータックルの真骨頂。

ROLAND MARTIN says: "Capt. Jim Strader's lure, the DIAMOND RATTLER, is the best and only surface lure I used in winning the Bass Anglers Sportsman Society's tournament on Lake Seminole, Georgia."

天才度 ★★
B級度 ★★★
『使っている人がいたらメンバーかもしれないぞ』度 ★

たい焼きのような愛らしいトゥルーシャッドといい、きっとアーボガストはサカナタイプが好き。もっともトゥルーシャッドは買収したものだし、セイントにもそんな噂があるんですが、そうであろうとなかろうと嫌いなものは買収なんてしないよね、きっと。

というワケでセイント。真円断面のボリューム感に腹ビレ背ビレ、すっと伸びやかなテイルを備え、もうこれ、サカナタイプの最高峰とも思える素晴らしいプロポーション。ジッターバグに通じる大きく膨らんだチャーミングな出目が雰囲気構築にひと役かっている。いや〜、サカナタイプのルアーについて何度か触れたけど、なんだろうか、このカタチの抗い難い魔性の魅力は(笑)。

実はソルトウォーター用のアナウンスがあるように、残念ながら(?)シンキングでございます。ラインアイ位置からも想像出来るように沈んだ分、ロッドワークでスイーッ、スイーッと浮かせて泳層をキープする感じ。トップウォーターメインのバサーは浮き沈みに非常に敏感で、「これ浮く?　なんだシンキングか…」沈むとわかった途端、みな手のひらを返す。ただ、この聖なるサカナの魅力は相当なものらしく、なんとかして浮かせようと「フックサイズ下げる?」「ダブルフックにすれば浮

く?」と右往左往する人たちばかりで可笑しい。このカタチだもん、むしろトップ好きに刺さるよね。でも、浮いたところでこのラインアイ位置だし、果たして何がどうなるやら。それでもセイントはサカナタイプとして出色の出来。だからシンキングアレルギーには辛いけど、時には受け入れねばならないこともあるのよ(笑)。

聖なるサカナタイプ
SEINT
セイント
Fred Arbogast
[フレッドアーボガスト] 年代不明

天才度 ★★★
B級度 ★★★★
『もし浮かせてよかったら教えて下さい』★★★

良き時代に妥協なし
JIG MATE TOOL PAC

ジグメイト・ツールパック

Cotee [コティ] 年代不明

　コティという今も昔もジグヘッドが得意なメーカーの、おそらくは 70〜80 年代くらいの可愛らしいジグセット、ジグメイト・ツールパック。ちなみにこのジグ、未だ現役販売（驚）。

　今回、ジグ本体じゃなくて、その素晴らしきパッケージングのお話。実はこれ、下の台を外せば釣り場へ GO 状態。おサカナ風の上部プレートは、まず目玉がフックシャープナー。ちょっとポイントが甘いと思ったらシャシャッとひと研ぎ。そして尾ビレはラインカッター。刃がプレートに挟んであるんですが、指を切ったりしないように小さく露出させた部分が 3 ヶ所。分けることによって刃の寿命も伸び、結果的に尾ビレらしいカタチに。そしてジグを収める 4

つに仕切った腹部。ここ、フックがぴったり収まるように、小さな山がフックをなぞるような体裁で、下側の白いプレートに並べてある。これがまた出色の出来で、ちっともガタつかないくせに取り出しはスムーズ。この塩梅、絶対に難しいはずなんですよ。そして背ビレに穴。お店の陳列にはもちろんのこと、ユーザーがタックルをまとめる時に地味に効いてくる優しい心遣い。

　というワケでね、このツールパックのプレートって無駄なところが一切ない。機能的にもデザイン的にもスキのない様は奇跡的。普通、盛り込んでしまうと個々のツールはとりあえずレベルになりがちなんだけど、どれひとつとってもおろそかでないことに驚きとため息。おそらく安価なアイテムだと思うけど、いい時代のものは手間をかけ、こんなもの（失礼）でも真面目にしっかり作ってある。それが雰囲気に表れるよね〜（ウットリ）。

パッケージの天才度 ★★★★★　　B級度 ★★　『プレートだけでも忍ばせたい』度 ★★★★

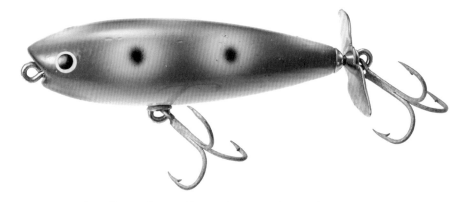

ようブラザー、昔は太ってたのかい？
JERK'N SAM
ジャーキンサム

Sam Griffin ［サム・グリフィン］年代不明

　サム・グリフィンといえば本国アメリカのル
アーメーカーとしては少数派の、フロリダ発トッ
プウォータープラグ大好きメーカー。ボクがバ
スフィッシングを初めた時にはすでに販売され
ていたから、少なくともサムおじさんのルアー
が市場に出回って半世紀近くということになる。
途中、権利をルーハー・ジェンセンに売却する
も、サムの名を冠した新たなルアーを見るや否や、

その出来に納得出来ず権利を買い戻したという
話を聞いたことがあるんですね。これ、裏を取
れなかったので本当のところはどうなのかわか
らないんだけど、いずれにしても一時期ルーハー・
ジェンセン名義になったのは周知の事実。その
後、カスタムルアー・バイ・サムとして現在に
至る、ということか。ともあれ御大の手による
ウッドのルアーは今も第一線で元気にバスを相

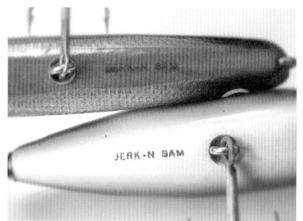

ほら、どっちもちゃんとジャーキンサムのネームでしょ？ えっ、上がにじんでわからないって？ 上は読めなくったって通常のジャーキン・ボディそのまんまですぜ（笑）。

仮に前後ひっくり返したところで通常のプロポーションにはほど遠い。サービス精神でイレギュラーなヤツをしれっと混ぜて出荷、とかだったら嬉しいなあ（笑）。

JERK-N SAM

手にしているワケです。

　そのラインナップの代表スター選手といえば、みなさんよくご存じのジャーキンサム。先細りのプロポーションはアタマに切り欠きを持ち、フック位置含め抑揚を後方に置くシングルスイッシャー。その名のとおりジャークでの使用を前提とし、形状的に速引きのジョジョジョッ！ も得意中の得意。いい思いをした方、多いんじゃないかなあ。

　さて、ならばフロッグスポットの方はなんぞやと。実はコイツの名もジャーキンサム。というか正直よくわからんのです。初めはスタンプミスで名前を間違えた別モデルだと思った。ただ、ボクはこのシェイプのモデルを見たことがないんですね。もちろんボクが知らないだけで、サムおじさんの手によるルアー群の長い歴史の中で、同名にてこのモデルが存在した可能性は十二分にある。それとも切り欠きを持つシングルスイッシャーという体裁はバッチリ合致しているから、もしかするともしかして初めはこれがジャーキンサムだったのかもしれない。なんてことを謎めいたコイツを見ながら夜な夜な想いを馳せるのもバスフィッシングのうち。面白いなあ、ネームひとつで右往左往ですよ（笑）。

天才度 ★★★　B級度 ★★★★★
『真相のわかる方、宜しくお願いします』度
★★★★★

　ボクは二十歳を過ぎたころ、毎週印旛沼に通っていた。午後イチに着くようなゆったりとしたスタートで。なぜなら朝はレンタルボートが混んでいるから、お昼上がりのボートを狙っていたんですね。スライダーの４インチを持ってスプリットショットオンリーで、午後からでもそりゃあたくさん釣れた。その日も調子よくサカナをかけているとヘラブナ釣りのおじさんに声をかけられた。「兄ちゃんいつもよく釣ってるなあ。でもそれならミミズ投げたほうがいいんじゃないの？（笑）」

　ボクがルアーを始めた理由、それはエサとかけ離れた妙ちきりんなもので釣れるところ。おじさんの一言にいつしかそんな気持ちからかけ離れていたことに気づく。そして帰るとウチのソフトベイトを全て捨て、今に至るワケです。もちろん否定・肯定という次元とはまた別の、完全にボク個人の嗜好の問題。でも、あの時あのまま突き詰めていけば、また違った方向のバス釣りを楽しんでいたかもしれないよね。

　というワケで水面アヴァンギャルド、アドニスの攻めに攻めるプラグ、ウィードウォーカー。格納式の２本のシングルフックはフックアップを意識し降りた時に外を向く構造。降りた位置でのフックの自由度は高めで、格納される時はスムーズに収まる優れもの。フック回りの独特な金属パーツから溢れ出るセンスの良さ。回避能力のためか動きも軽い。ボクはもう少し水になじむほうが好きだけど。

　ここんちのルアーはよく考えられていて、しかもデザイン的に昇華されているのは驚き。独創的という言葉はアドニスのためにあるがごとく。ただ、残念ながらバイトは数あれど、ボクはこれでストライクに至ったことがない。でもゴチャゴチャ厳しいところでも硬いルアーで釣りたいボクは、今日も明日も投げ続けるのです。

天才度 ★★★★　　B級度 ★★★★★
『希望と共に、奥へ奥へ』度
★★★★

硬いルアーで釣りたいから
BUSH WALKER
ブッシュウォーカー
Adonis ［アドニス］90年代後半～ 2000年代半ば

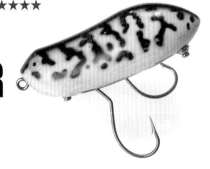

古今東西、未だ穴あきルアーは生み出されるワケですが、そんな穴に命運をかけたメーカー、アクアソニック。その意気込みは社名からビシビシ感じられ、さらにラインナップ全てにフロースルーシステムと呼ばれる穴を施す。背に１穴、腹部に３穴と縦横無尽に水路を形成する方法は、おそらくこのメーカーが最初だったかと。結果、その効果に懐疑的な釣り人はアクアソニックのルアー全てが懐疑的。残念ながらそう思う釣り人が多数だったのか、90年代初めにその歴史を閉じることとなる…。そんな悲劇のラインナップのひとつ、バイブレーションのチャターボックス２（前後フックがチャターボックス１）。

さて、当時のバイブレーションを大雑把に分けて２タイプ。ひとつはスポットやラトルトラップのような、いわゆる菱形タイプ。もうひとつはピコパーチやバイウーブギのアタマ落としタイプ。ご覧のとおりチャターボックスは後者ですね。

さあ、ナゼにアクアソニックは後者のタイプを選んだのか？ ボクが思うに、やはり売りとなるフロースルーシステムが影響しているのではないかと。まず、水を取り込む開口部を正面に大きくとれること。そして水受け面の角度の問題。前者のスポットタイプは前傾姿勢になるものの、ヘッド上部から背中にかけての、比較的ゆるい水受け角度。ところが後者は水に対してほぼ垂直に面を当てていくので、こちらのほうが積極的に、より効率的に水を取り入れることが出来る、などと考えたんじゃないかなあ。加えてボディを下膨れにすることにより、開口部で不足したアクションに必要な水受け面を広くとる、と。

というワケでシステムを生かすことに真剣に取り組んでいたと思われるアクアソニック。以後も思い出したようにフォロワーがポッと出ることを考えると、そのウォータースルー魂が静かにくすぶり続け、時折思い出したように燃え上がるのはアクアソニックの念か、それとも遺産なのか。いずれにしろ、つい感傷に浸ってしまうのであります。

このタイプの理由
CHATTER BOX 2
チャターボックス２
Aquasonic
［アクアソニック］
80年代 ～ 90年代

下のウィローリーフのヤツは多分誰かがつけかえたもの。ひょっとしたらチャターボックス１という可能性もあるよね（笑）。

天才度 ★★★★
Ｂ級度 ★★★★★
『水をスルー。
釣り人はスルー』度
★★★

FMジェットストリーム
アタック

FM
Jet Stream Attack

D：こんばんは！ FMジェットストリームアタックの時間がやってまいりました。司会はワタクシDabと…

ク：こんばんはー、アシスタントのアドニス・クラッパーでお送りします！

D：ところでクラッパーさ、ここんとこ頑張って釣ってくるけどバスに喰われる時怖くないの？

ク：うん、いつも元気出して誘ってる。でも怖いのはDabさんのミスキャストでぶつかる時かなあ。

D：それはゴメン！ オレ投げるのヘタクソだからなあ。練習してもっと上手くなるように頑張るよ。

ク：仕方ないなあ、もう。Dabさんが上手くなるまで我慢してあげるよ（笑）。

D：さて、無事に許してもらったところで早速今日の一人目。ラジオネーム、バスハンター。

Dabさん、クラッパーさんこんばんは、いつも楽しく聴いています。よく言われるんですけど、ボクはナゼ列伝入りしたんですか？ 正直、自分でもピンとこないので理由を教えて欲しいんです。宜しくお願いします。

D：なるほどバスハンター。そうだなあ、例えばザラスプークは未だ第一線で投げられてるけど、今、君を投げてる人がどれくらいいるかな？ 一度は復刻されたけど、それでも多くはないと思うんだ。

ク：ん〜、そう言われればワタシ、フィールドでバスハンターさんと会ったことないかもしれない。

D：模倣品溢れる我が国の第一次ルアーブームさなか、斬新な抑揚感と一体成型リップをまとって颯爽と君は現れた。それ以降、国産クランクベイトは大きく変わっていく。ボクはあの瞬間を日本のセカンド・ビッグオー・インパクトだと思ってるんだ。

ク：へえ〜、バスハンターさんってすごい人なんだね！ なんとかインパクトはよくわからないけど（笑）。でも、それでどうしてB列入りなの？

D：そこだよクラッパー。懐かしく思う人もいればそんなこと知らない人もいる。だから今一度、彼に触れねばならなかったんだ。バスハンター、納得いかないかもしれないけど君を想えばこそなんだよ。だからさ、どうか許してくれよ。

ク：バスハンターさん、世間にはB列入りしたいっていう変な人もいるみたいだし、仕方ないなあって許してあげてね、ワタシみたいに（笑）。

D：さて、続いてのメールはラジオネーム、ビッグバド。

こんばんは、毎度楽しませていただいて

おります。自分、見てのとおりビール缶にサカナのアタマ。街に出れば指をさされてまず笑われます。確かに自分は名門の出ですが、いっそB列に加えていただき、清々しく笑われたいと思っております。失礼な申し出ですがご一考いただけないでしょうか？

ク：アレ？　早速B列入りしたい人かあ。人それぞれ難しいなあ…。

D：ビッグバド、実は君のB列入りを考えたことはある。ユニークな見た目、ノベルティとくれば載せない理由はない、代理店のカタログではリップ付きってことでアンダーウォーターにされちゃうほど誰もが君を見誤っていたし、バスプロショップスですらウ〇コルアーやチ〇ポルアーと共にジョークコーナーに掲載する始末。それだけで十分面白いじゃない？　と思ってた。ところがB列始めてすぐに君はトーナメントシーンから火がつき、一大ムーブメントとなった。ボクは釣れることを知っていたから驚きはなかったよ。でも、あの爆発的人気には驚いた。てなワケで単純に載せるタイミングを失ったんだよね。

ク：確かに今もバスルアーのトップアイドル！　大人気だね。ワタシは正直、ビッグバドさんのことが羨ましいよ。

D：クラッパーは素直でいいね（笑）。でもホント、一般の人には違う意味でウケるだろうけど、趣味のバサーからプロのトーナメンターまで君の実力は十分わかってる。だから堂々と胸を張って釣ればいい。笑いたい人は笑わせておけばいいんだよ。

ク：そうよビッグバドさん。いつかワタシもトーナメントで使われるように頑張る！

D：いいね〜、クラッパーがウイニングルアーだったら素敵だなあ。えっ、なに？　もう今日最後のメールなの？　ラジオネーム、ピナクルPC10。

お二人ともこんばんは！　毎回必ず聴いてます！　実はオレ、どーしてもB列入りしたいんです。自分で言うのもなんだけど、素質はあるほうだと思うんでゼヒお願いします！！

D：………ピナクルさあ、そもそもB級リール列伝なんてないよ！

ク：えーっ、またまた志願者？　しかも今度はリール！　Dabさん、B級リール列伝始める？

D：ちょこっとしかリール持ってないから無理。でもピナクル、ナゼか君のことは持ってる。わかった、いつかどこかで必ず触れるよ。とりあえずそういうことで今回は勘弁してくれよ、な？

ク：よかったねピナクルさん！　いつかリールに詳しい人にキチンと紹介してもらえるようにワタシ祈ってる！

D：というワケでゴメンなさい！　あっという間に時間が来てしまいました。お送りしたのはワタクシDabと…

ク：いつも笑って許しちゃう、とっても心の広いクラッパーの二人でしたー！

D・ク：それではまた次回お会いしましょう、See you Next B列!!

"まぬけ"という名のカッコいいヤツ

KNUCKLE HEAD Jr.

ナックルヘッドJr.

Creek Chub ［クリークチャブ］2000年代

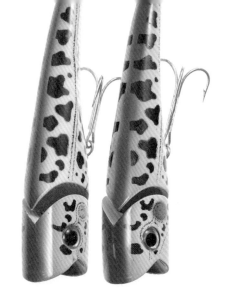

エラの部分を境にジョイントにした、もうそれだけでワクワクを抑えきれないこのお方、老舗中の老舗、クリークチャブ・ナックルヘッドJr.。当初は1-1/4ozほどのオリジナルのみだったと思うんだけど、これはさすがにバスには持て余し気味だった。対してこのJr.は5/8ozほどの実にいいサイズ感で、カラーラインナップにバス向きのものを追加。これに手を出さずに一体何に手を出すというのか（笑）。

おそらくは頭部を振り、さぞかし派手なアクションなんだろうなあ、なんて想像しがちだけど、見た目とリンクしづらい真っ当なポッパーだったことに少々拍子抜けしたのも事実。この体裁で水平浮きなので特徴的な頭部を振らせる、というより全体をなんとか左右に振らせることも出来なくもない。そもそもジョイントのカットが谷＆山なんだから、ブンブンとアタマが振れることは初めから狙っていないんですね。したがってシンプルなポッピングとボーン素材特有の硬質なラトル音、そしてジョイント部分が当たる音がキモなのではないかと。単発ポップに対し連続的にティップを震わせてやるとよりガコガコ音が際立つので、使い手次第で相応のリズムはつけられる。

そんなコイツを思いっきり使い倒そうとしてフロッグカラーを2つ買ったのに、よく見れば微妙に塗りが違う。片やボーンのブランクに直接塗装しているのに対し、片や一度ホワイトを吹いてある。カエルの耳のゴールドの有無、背中のカラートーンの違い。思えばパッケージからして紙箱とブリスターで違っていたもんなあ。わずか数年の短かい販売期間にもかかわらず前期と後期が存在するという悩ましさ！ …ああ、これはボク的に取っておきたい（困）。

というワケで結局使い倒したのは別カラーという思惑外れ。でもそんなところも本当は嬉しい誤算。なんにせよカッコいいから許す。使いたくて仕方ないから許す（笑）。

わかりますかね、この塗りの違い？ くだらないとお思いでしょう。バカバカしいとお思いでしょう。されどこういう違いに一喜一憂するのも楽しい、そんな人間がいるのもまた事実なのです（笑）。

天才度 ★★
B級度 ★★★★★
『それともエラのチラリズム効果?』度 ★★

楽しみをカタチに、カタチを楽しみに

SYSTEM Σ LU10

システムシグマLU10
Ryobi
[リョービ] 80年代

　ルアーフィッシングを楽しむ者なら誰でも一度は試みるであろうルアー製作。でも一から作るのはかなりの苦労を伴うし、どうして動くのか理解出来ていないとちゃんと泳がないことも。というワケで、少年たちは数々のチャレンジを経て試行錯誤の末、ルアーというものを理解していくんだけど、もっと気軽にオリジナルルアーを作ってみたい、楽しみたいという人のお手伝い、きっかけとなったのがこのルアー製作キット、リョービ・システムシグマLU10。

　クランクベイトはバスキャッチャーの樹脂製ブランク＆メタルリップ、ミノーはエフィックミノーのウッドブランクとディンプルリップ、さらにスプーン、スピナーと、当時のリョービ・ラインナップそろい踏み。もちろんリグやワイヤーのパーツ類、さらにはデカールもついていて、

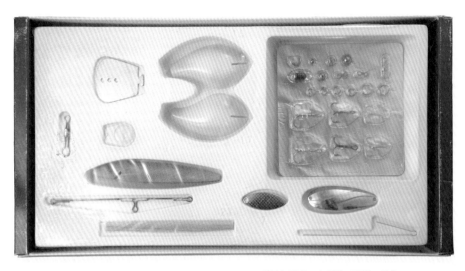

誰もが泳ぐルアーを簡単に、しかも確実に作れる優れものだったんですね。

リョービのラインナップと同じならばそのルアーを買ってリペイントするのでもいいって？いや、一から組むのは構造も理解出来るし違ってくるんじゃないかなあ。プラモデル的ワクワク感もあるし。あ、そういえばアライくんやグランダールアーのプラモデルなんてのもあったね。

ちなみにシステムシグマシリーズにはパックロッドとスピニングリールもあった。さらにそのシステムシグマ3種一式という豪気なセットも。素晴らしいなあ、このリョービの大英断。だってタックルを組むところから釣りは始まっていると知らしめてくれたのだから。リョービにはダイワやシマノにはない、いい意味での気安さがあったように思うよ。

薄いクリアシートがガッチリ貼ってあって、さすがに開けるのがはばかられる、やってしまったら終わる仕様（笑）。いや、何度そのタブーに挑戦しようと思ったことか。そのつどハッと我にかえって手を止めるという、夢から引き戻されるかのような、そんな気にさせるシステムシグマ。これがリョービの力なのか。しかし豪勢な装いは当時から夢だったなあ。ルアー用シールの姿は認められないんだけど、おそらくフックやスプリットリングの銀色のシート下だと思われます。どんなパターンなのか開けてその内容を確かめたいんだけど…（初めに戻る）。

天才度 ★★
B級度 ★★★★★
『年イチくらいで開けたい
衝動に駆られるワケですよ』度 ★★★★★

ちょっとカッコいいクランクベイトを見つけました。プロラインタックル、ザ・プロバグ。カリフォルニアのメーカーみたいだけど詳細不明。発泡ボディにメタルリップ、どうやら目は樹脂シートをパンチしたものに黒目を入れていると思われ、ボクが思うにローカルベイトに近いポジションなのではないかと。何かご存じな方、ゼヒご一報いただけるととっても助かります（深々）。

この見た目から想像出来るのはマドバグあたりと同様、メタルリップダイバーの常と言えるアタマ下がりの急潜行、と思うでしょ？ところがこのプロバグ、大方の予想を裏切りほぼ水平浮き。もちろんリップは絶妙な深度で水の中なので、蹴り出しはなんら問題なし。泳ぎのほうは幅広く水平なメタルリップと発泡ボディらしく、ワイドで元気よくイキイキとしたアクション。と、ここまでは想像の範疇なんですが、そ

の浮き角と強力な浮力の副次的効果としてウェイクが大得意だったという予想外の結果。リップを曲げてメタルリップダイバーをサーフェイスクランク化した人もいると思うんだけど、このままの体裁でオシリを出して無理なく水面ブリブリ出来るのはちょっと驚きだよね。同封の説明書によると10〜12フィートが主戦場、みたいなことが書いてあるから、本来のクランクベイトとしての能力もきっと高いはず。

でもね、ボクみたいに上をメインにやるけど下を使うことにこだわりがない向きならば、これほど便利なクランクベイトもないんじゃないだろうか。だって額面どおりに受け取れるとするならば、水面から10フィート過ぎまでカバー出来るんだから。ただ、実はボク的にそこはそれほど重要じゃなくて、なんていうかその、たたずまいがちょっとよかったから。ちょっとだけカッコいい感じがしたんだよね（笑）。

決め手はちょっとカッコいいところ
THE PRO BUG
ザ・プロバグ
Pro-Line Tackle
［プロラインタックル］年代不明

天才度 ★★　B級度 ★★★
『実はそういうところで買うよね』度
★★★★

前後同ひねりプロペラの理由とは
MEDIUM JUMPER
ミディアムジャンパー
Gilmore ［ギルモア］60年代～2020年現在

　ボロボロの個体でごめんなさい。フックも変えているし普段投げているヤツでして。

　さて、男前な塗りでおなじみ、ギルモアさんちのミディアムジャンパー。ボクはこの一見雑多な塗りが大好き。90年代だったかなあ、一度ノーマン扱いになった時は厚塗り＋ラメラメの装いでずいぶん変わってしまったっけ。今現在は再度独自に展開しているようだけど、昔の装いからさらに遠くなってしまったようです。

　さて、このミディアムジャンパーの丸いプロペラは前後同ひねり。ボクが思うにスリムなミディアムはジャークで使うことを主に考えていたのではなかろうかと。ナゼならジャーク時に前後同回転のペラだと当然ボディも回る。その時、ボディカラーによって明滅効果が生まれる。つまりベリーとサイドとカラーが、場合によって

はバックのカラーまでジャークのたびにクルクル入れ替わると。そこを狙っての前後同回転なんじゃないかなあ。そしてボディ回転時のフック位置までこだわったのが、先で話したサムグリフィン・オフセットサムなんだとボクは思ってる。

　ただ、大きなペラを持つ兄貴分、ラージジャンパーは前後逆ひねり。ご丁寧にリアペラはこれでもかというペタペタなひねり具合。これを意図的と言わずなんというのか。もちろんミディアムをタダ引きしてもいいし、ラージをジャークしても全然構わないだろうし、そのへんは使い手のさじ加減。ただ、明らかに別の性格を与えようとしているんじゃなかろうかと。

　ちなみにこのミディアム、ペラの表は水を噛むようにヤスリで荒らしていて、裏はフラッシング効果のためピカピカのままにしてあります。ええ、多分にして気分的なものです、ハイ（笑）。

天才度 ★★　B級度 ★★★
『意外とね、水面の映り込みで下から
バックカラー見えてるから』度 ★★★★★

1＋1＝2ではない？
DUBL POP
ダブルポップ
Lucky Day Bait Co.
［ラッキーデイベイト・カンパニー］
50年代～80年代

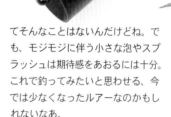

原寸大

　見る者に"何をどうしたいのか"が一発で伝わるグッドデザイン、ラッキーデイベイト・ダブルポップ。「泡が倍なら釣果も2倍！」などと茶化すのもためらうようなたたずまい。それは文字のみのストイックなパッケージ台紙で表すがごとく、良質で上品な雰囲気の成せるワザなのか。実際、カップエッジやボディのライン、ラインを結びやすくするために前方へせり出したアイの作りなどを見ると、とても細やかなセンスの持ち主が（アイディア、製造共に）携わったのだろうとボクは思う。綺麗に作られた、丁寧に塗られたという次元のものでなく、もっと根本的なセンスの問題。初めはその奇妙奇天烈な体裁に興味を持ったんだけど、そのうちにじみ出るような雰囲気の良さのほうにヤラれてしまったワケです。

　アクションはというと、皆さんの想像どおりでほぼ間違いない。強くあおれば大きい音が出るし、抵抗が増えたぶん、首を振らすのも得意。その際、前後部より奏でるポップ音は倍に聞こえるかと言うと決してそんなことはないんだけどね。でも、モジモジに伴う小さな泡やスプラッシュは期待感をあおるには十分。これで釣ってみたいと思わせる、今では少なくなったルアーなのかもしれないなあ。

　ちなみにテイルポップシステムはペンシルベイトのようなアタマを持つフロントスイッシャータイプと、それにメタルリップを付けたタイプが存在。前者は首振りスイッシュ音＋テイルポップ、後者はダイブ時にテイルポップ。そしてあたりまえのように、あるいはついでに（？）オシリなしの各タイプも用意していたみたい。パズルを組むように共用パーツを駆使し、様々なタイプに落とし込むラッキーデイ。パーツありきでいいじゃない。大好き。

天才度 ★★★★　　B級度 ★★★★★
『目指すはダブルヒット』度 ★★★

バス釣りとビール
BUSCH BEER CAN &
BOTTLE LURE
ブッシュビール・カン＆ボトルルアー
Rivers Edge Products
[リバーズエッジ・プロダクツ] 2000年代

　皆さんすでにご存じで、大好きな人も多いであろうヘドン・ビッグバド。バドワイザーブランドは大昔からバスフィッシングとの関わりが深く、ビッグバドの他にも様々なノベルティ展開をしていたワケです。片やヘドン、そのバドワイザーとの契約が切れるやいなや、せっかくのボディブランクで同様の展開をすべく間髪入れずにクアーズを持ってくるあたり、いかにバスフィッシングとビールが切っても切れぬ間柄で、さらに国民的スポーツなのかが窺い知れる。

　そんなバドワイザーブランドを擁するのがアンハイザー・ブッシュ社。やはりバスフィッシングによる大きな宣伝効果を無視出来なかったのか、今度はアウトドア系グッズを手掛けるリバーズエッジプロダクツからブッシュビールブランドで発売したのがこのルアーセット。

　ビッグバドタイプはオリジナルとほぼ同寸で、カオにディテールを追加しシールアイで現代風に。よりビール缶らしくなったテイルには、ブレードと呼ぶには忍びないスリムな板切れ風味のものが。瓶ビールタイプのライブリーは、実はこちらも大昔にあったノベルティルアーの体裁を踏襲。むしろこっちにもテイルにブレードつけたいなあ、とか、大昔のものと同様のビン底がカップになっているポッパーだったらなあ、とか、勝手な想いを馳せてみたり。

　いずれにしろボク的にはコレクタブルな要素が強く未だ水につけておらず。使ってみたらビッ

この２つプラス、ポッパーとミノーのセットもある。それぞれオーソドックスなボディのプラグにロゴマークが入る。

グバドよりいいところがあるかもしれないし、後部の高い浮力で引き波やら波動が素晴らしい瓶ビールなのかもしれないし、いろいろ想像しつつもそっとパッケージに戻す日々でございます。もうワンセット手に入れたなら、遠慮なくバシバシ投げるかな？　やっぱりそっと並べておくのかな？

天才度 ★　B級度 ★★★★
『プラドコの更新料は高かったのかな？』度
★★

蝶のように舞い、蜂のように刺す

STINGER

スティンガー

Hawg Boss

［ホウグボス］

80年代 ～ 90年代

ホウグボス特有のヘビのようなスケールパターンは、いつ見てもカッコいい。有機的なボディラインと、これでもかというほど出っ張った目と相まって、ため息が出ちゃうほど…。なんて思ってるのはボクだけなんだろうね（笑）。

信じられないが本当だ：其の一

こんなヘンテコリンなルアーが一時期ホウグボスのシンボルマークだった。

信じられないが本当だ：其の二

こんな体裁で実はシャロークランクである。

信じられないが本当だ：其の三

それでもってスローフローティングだったりする。

　というワケでホウグボスのスティンガー。トリプルフック＋固定シングルフックという特異ないでたちは、それはそれは強烈な印象を植えつけるのに十分すぎる存在感。おそらくホウグボス自身もこのアイディアをかなり気に入っていたようで、他のルアーのパケやカタログ等、多岐にわたりこのスティンガーのイラストロゴを展開するという、これでもかのイチオシ具合。

　一体何がイチオシなのかというと、要はベリーのフックを外してウィードレスクランクとして使用するのが前提なんですね。ならばどうして初めはフックがついているのか。例えばオープンな場所やフッキング重視で使用したい場合、ベリーフックがあることによってユーティリティプレイヤーとしての側面をもたせる、と。なるほど、イチオシしたくなるのもわかるような気が（笑）。

　通常こんな強大なリップを備えているクランクは経験上、ブリブリブリッと急潜行すると思うでしょ？　ところがこれ、ほぼ水平浮きなんですね。でもリップ面が少し前下がりなおかげで飛び出すことなく綺麗に泳ぎはじめる。さらに

は絶妙なラインアイの位置で、大きなリップに
もかかわらずシャローランナーとして、そして
地味でも派手でもないちょうどいい泳ぎを実現。
ウィード直上をトレース、もしくは多少中に入っ
ても暴れすぎない泳ぎでウィードレス性を確保
しつつ、すぐにポコンと逃げない程度の弱めな
浮力。そして一見潜りそうな大きいリップも実
は障害物回避装置で、ウィード攻略のためにひ
と役かっている。…なんて考えるうちに理由が
いちいちリンクしちゃうワケですよ。

　近年、他社から似たようなクランクベイトが
発売されてすぐスティンガーを思い浮かべたけど、
実はコイツ、ものすごいルアーなんじゃないか、
と再確認してみたくなったりして（笑）。

この手のリップを備えて
いるわりに、ラインアイ
の位置が前方についてい
るからこその深度とアク
ション。ボクら、パッと
見て長いからディープっ
て決めつけちゃう（笑）。
開発者の真意を汲むには
やはり使い込んでみない
とわからない。まだまだ
修行が足りんです。

天才度 ★★★★　　B級度 ★★★★★
『褒めすぎだったらゴメンね、ホウグボス』度
★★★

コロッケとハンバーグ
BURG
バーグ

Plastic Image
［プラスティックイメージ］
2000年代

ひと目でわかる、芸達者ヘリン・フィッシュケーキのイミテイト。葬り去られた数々の過去の名作を世に呼び戻し、精力的にリリースを続けたプラスティックイメージの釣れ筋旗艦、バーグ。

そもそもフィッシュケーキの名の由来はサカナのコロッケ。なるほど俵型の出で立ちから連想するのは納得。フィッシュという単語も入っているし、こりゃあ一石二鳥じゃない？　と、してやったり感すら。そんなオリジナルに対抗してのバーグというネーミング。なんだかド真ん中の豪速球で強引に空振りさせられる気分、ボクは好きです（笑）。

さてこのバーグ、オリジナルでいう#11という一番大きなサイズのイミテイト。これは正直嬉しい選択。例えて言うならザラⅡのアタマとオシリを少しづつ取ったような大きさはまさに使いごろ。ボクの記憶に間違いがなければふた回り小さい#7相当のバーグもあったはずだけど。

アクションはというと、若干軽めのボディなれどほぼオリジナルの使い方を踏襲出来る優れもの。ピンスポットでのモソモソ首振り、ショートジャークによる必釣の捕食音、タダ引き＆回収時のバズベイトと一切の無駄のなさはなかなかのもの。空気を巻き込む特異なプロペラは唯一無二、騙されたと思ってお試しあれ。ただ、ウイークポイントとしてやはり長く露出したフロントヒートン。頑張って太いのをつけているけど、まだこれでも強度不足。ボクはステンレスの強いヒートンに替えていて、皆さんも可能ならそのほうが安心でございます。

というワケで、まるでボクら夢を叶えるかのごとく老兵を蘇らせていたプラスティックイメージ。どうも権利問題で怒られてしまったとの噂。どれもずいぶんと昔に製造中止になったものだけど、諸処の確認等、難しいんだろうなあ。

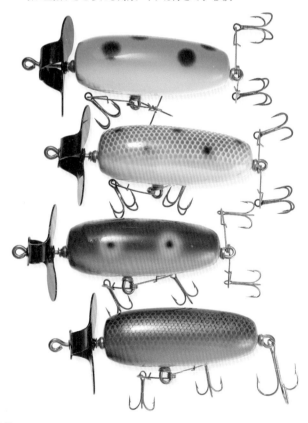

天才度 ★
B級度 ★★★★★
『フィッシュ or ミート?』度
★★★★

創業70年を誇る歴史ある貿易商社、津田商会。古くより釣り具に携わり、今現在も精力的に取り組んでいる会社なんですが、以前はトライアングルというオリジナルブランドにて多くのルアーをラインナップ。我が国ルアーフィッシングの黎明期ということもあり、ご多分に漏れずそのほとんどは海外ルアーのコピーだったワケです。でも、当時としてもアイテムチョイスのセンスは際立っていて、ナゼそこを持ってくる!?という驚きに満ちた、それはそれは魅力的なラインナップ群。なかにはコーデル・ラウドマウスのコピー、ポッピングフロッグのようにオリジナルのロゴモールドがうっすら浮き上がっているものもあったりするんだけど、今ではオリジナルより入手難易度も相場も上がっているという事象は、ある種痛快といえる超展開（笑）。

そんなラインナップ中でもひときわ光るこのお方、ドッグウォーカー。元ネタはB列弐で触れたガルシアのスワッガースティック。但し津田産はオリジナルより一回り小さく、いわゆる我が国のニーズに合わせた使い勝手のいいダウンサイジング版。もっともスワッガーにベイビーがあったのならその限りではないんだけどね。

特徴的なツインアイはアクションの使い分けのためではあるんですが、オリジナルはほぼ立ち浮きのおかげでスライド＆ドッグウォークとくっきり明確な性格の違い。こちらのドッグウォーカーはというと、やや尻を沈めるほぼ水平浮きのためか、気持ちよくスライドするノーズアイに比べチンアイのほうはかなり短く、そして少々難しい。もっともガコンガコン系のラトル音も相まって第一線で釣果を上げている強者もいるから、ボクはまだまだ修行が足らないんでしょう。

でもね、当時でも超弩級のマイナーキング、スワッガースティックのコピーというだけで、おまけにダウンサイジングを施しての登場に、ボクは諸手を挙げて降参、降参、大降参。

ナイスチョイス度 ★★★★★
B級度 ★★★★★
『金型掘り起こしたい』度 ★★★★★

性格までは
トレース出来なかったか
DOG WALKER
ドッグウォーカー
Tsuda Shokai Ltd.
[津田商会]
70年代〜80年前半

原寸大

原寸大

過渡期の生き証人
TIMBER RATLAR
ティンバーラトラー
Heddon [ヘドン] 80年代半ば

その迫力は伝統の塗りとグラスアイのおかげか。それとも純粋なヘドンの長い歴史が潰える直前の断末魔か咆哮か。正確には潰えた直後の登場だけどそれはのちほど。

さてティンバーラトラー、そういった意味では記憶に残るクランクベイト。ご存じのとおりヘドンは1984年にエビスコ・インダストリーが買収。多くのプラグは残るものの傘下に収まるワケです。そして翌年の1985年スミスカタログ、つまり1984年には用意されていたカタログでティンバーラトラーはニューカマーとしてアナウンスされる。その体裁やカタログレイアウトから本来は復刻SOSウンデッドミノーと同等のウッドクラシックシリーズになるはずだったかと。

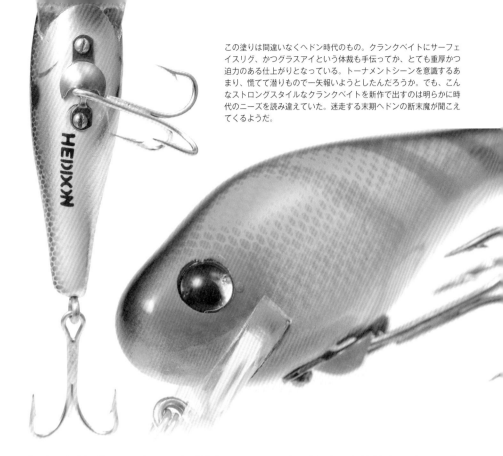

この塗りは間違いなくヘドン時代のもの。クランクベイトにサーフェイスリグ、かつグラスアイという体裁も手伝ってか、とても重厚かつ迫力のある仕上がりとなっている。トーナメントシーンを意識するあまり、慌てて潜りもので一矢報いようとしたんだろうか。でも、こんなストロングスタイルなクランクベイトを新作で出すのは明らかに時代のニーズを読み違えていた。迷走する末期ヘドンの断末魔が聞こえてくるようだ。

というのもボクが知っているティンバーラトラーはあのクラシックシリーズの立派な紙箱ではなく、エビスコ特有の茶カード・プラ箱なんですね。

そして前述のとおり登場はエビスコ買収直後。ただ時期的なことを考えるとそれ以前に動いていたのはまず間違いない。併記されていた復刻ミジェットクラブウィグラーがオールド物の写真を使用してまでアナウンスするもついに発売されなかったことから、意外にもヘドンの香りのする最後のウッドプラグなのかもしれません。

ちなみにその少しあと、3フッカーのロングが登場するんだけど、それとは別にやはりヘドンブランドにてリリースされたクランクベイト・

ティッカーやミノーメイトはリー・シッソンによるもので、これは塗りからして一目瞭然、完全に別物。ボクは好きでよく使うけどね。

ティンバーラトラーの話に戻すと、左右に振れるチューブラトルのおかげでその名に恥じぬ軽やかで甘いカチカチ音。ところがシッソン物も同様のチューブラトルが封入されている。あれ、やっぱりシッソンが一枚噛んでいる？

天才度 ★★　B級度 ★★
『ちなみにティッカーは
シッソン作のアナウンスあり
ラトラーは一切なし』度 ★★★★★

おそらくケンクラフト史上、最大のセールスを叩き出したであろうこのポッパー。そのおかげか、中古市場では必ずといっていいほど見かけるこのお方。溢れかえっているのはまさに売れた証拠。そして隠れファン、大手を振って隠れないファン（笑）と、今も大好きな人は少なくない。一見リアルな体裁だけど、そこから滲み出る隠しきれない不思議な愛らしさ。ボクはリアル系は苦手なはずなのに、当時バスパーはつい買ってしまったもんなあ。

が、しかし。愛らしさだけで売れるほど甘くないのは業界の常。アタマを軽く出し、胴体の大半を斜めに沈めるこのポッパーは、下がったテイルと横向きラインアイのおかげで移動距離を抑えつつ、スプラッシュとともに首を振る。そして静かめに動かしてあげても…。ま、もはや説明不要かもしれないですね。

ところで写真のバスパー。ご覧のとおり、これは製品加工前のブランク。もちろんオリジナルと比較したんですが、モールド（模様）から

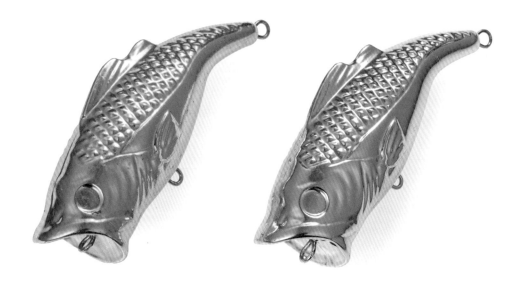

素の状態ってのも
悪くない
BASSPER
バスパー（ブランク）
Ken Craft
[ケンクラフト] 90年代後半 ～ 2000年代

ボクがケンクラフトの中で一番好きなカラー。ケンのピーコックカラーは他メーカーと比べても負けないくらい美しい。

してまず間違いないかと。たまにこんなものが出てくるのもこの世界の面白いところ。昔のヘドンなんかだとセールス用にカラーサンプルのボディがジャラジャラついているキーホルダーのようなものがあったワケで、結局市販されなかったアツいカラー(笑)などもきっとぶらさがっていたことでしょう。

ところで「こんなの一体どうすんだ」と思う方もいると思いますが、目をつけて軽くクチを塗ってあげるだけで十分様になるし、凝った塗装なぞしようものなら、世界にひとつだけのバスパーが完成。リペイントはともかく、メッキなんかは少数を個人でやるのは大変だからね。もちろんこのまま使うも面白いし、コレクターは手をつけず素のまま愛でる、というのもアリ。えっ、ボクですか？　そりゃあもちろんコ…(笑)。

天才度 ★★　B級度 ★★★
『安価な相場はコレクションにもってこい』度 ★★★★★

限定カラーで獅子舞なんてのも出てた。でも、この手のキャラクターカラーにしては"ダメな一線"を越えず、よく抑えてると思う。好感の持てる素敵な部類。

名門フレッドアーボガストが誇る、アーボガストの解釈によるアーボガストのザリガニルアー、マドバグ。本当は、というか、一般的な訳ならマッドバグ。70～80年代当時輸入していたツネミの表記が"マド"だったからずっとマドバグできてしまったワケですね。だからボク自身、マッドバグだとピンとこないし、むしろ実際の発音に近いのはこっちだろうね。

さて、そんなマドバグ君。カオのディティールを見ると、甲殻類独特の突起とつぶらな瞳をシンプルに秀逸に表現した仕上がり。ボリュームのある胸部を強調したボディ、さらにシッポを模した三段形のリップがグッとザリガニテイストをひき締める。

でも、この体裁でどうして"バグ"という名前なんだろう、…なんて思ったら、どうやらザリガニのことをマドバグと呼ぶらしいですね。確かに泥の中が好きだもんね。そんなカタチとそんな理由でやはりマドバグにはザリガニカラーがよく似合う。ガッガッガッ！ とリップを底にあてながら土煙と共に逃げまどう様はザリガニでないとね。

が、しかし。写真のマドバグは80年代のものなんだけど、よ～く見て下さい。気がつきましたか？ なんか変だと思いませんか？ そう、実はこの個体、プリントがおかしい。ハイライトであるライトイエローはほぼ正しい位置なのに、メインの黒いザリガニパターンが大きく斜めにずれているんですね。いわゆるエラー品ってヤツ。

本来、不良品として扱われるべきものが、何かの拍子に市場に出てしまう。そんな個体に当たった場合、大抵ガッカリするし交換してもらいたくなりますよね。でも、機能的な部分に問題ないエラーだったらナゼか嬉しい。それがルアーならば大当たりのごとく万々歳。なんでだろうなあ、製品としては失敗なのに、どうしてだろうなあ？

失敗は大当たりのもと
MUD BUG Error
マドバグ（エラー）
Fred Arbogast
[フレッドアーボガスト] 60年代～ 2010年代

天才度 ★★★
B級度 ★★
『稀だから得した気分に
なっちゃうんだろうなあ』度 ★★★★★

それでもワタシは生き続ける
NITRO SHINER
ニトロシャイナー
Dave's Ka Boom! Baits
[デイヴス・カ・ブーン・ベイツ]
2000〜2010年代

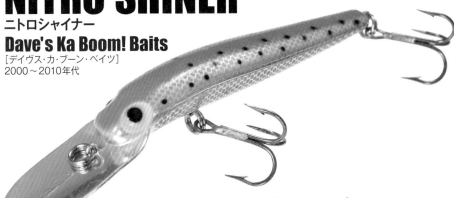

　一瞬だろうとよく確認しようと、その出で立ちの起源はもはや隠し通せない。ともすりゃこんなモデルがあったのかと誤解を招きそうな旧ストームベースのダイバー、デイヴス・カ・ブーン・ベイツのニトロシャイナー。

　先に紹介したミーンストリーク同様、ストーム臭全開なこのお方。なんだよなんだよ、いい雰囲気かもしだしてるじゃない、なんて眺めていてふと気づいた。…ん、なんということだろう！こんな強引なリファイン方法があったなんて！これ、横から見ると一発なんですが、旧ストームのディープJRサンダースティックとピタリ。側線モールドを追加されているものの、まごうことなきその姿。

　でも、全体像はあの可憐なサンダースティックとは明らかに異なる印象。その理由、驚くべきことに左右幅を単に広げたものなんですね。センターの接合部を左右それぞれ1.5ミリほど厚めにした、いわば横方向へのストレッチ。少々リップにアレンジが加わっているけど間違いない。しかしどうしちゃったんだよ〜、あの伸びやかで美しく元気の良いシェイプは。

　このご時世、多種多様な趣味嗜好はだいぶ認知されつつあり、昔に比べて一般的になったものも確かにあるけども。少しふっくらしているくらいがちょうどいいだって？　誰もアナタの好みを聞いてはおりませぬ（笑）。

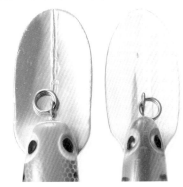

こんなに幅増しされちゃって…。ハッ！　逆をいうと幅広げれば別ルアーに仕立てることが出来るのか。そうかか、デイヴにはいいことを教えてもらったぞ。

天才度 ★★　B級度 ★★★
『実はボクも少しふっくらしているくらいがいいと思ってるよ』度 ★★★★★

超一流のボディを持つ男
BIG BASS
ビッグバス
Ragot
[ラゴット] 2010年代

ラゴットという、ちょっと聞きなれないブランド名の、そしてちょっと見たことのあるような気がするダブルスイッシャー、ビッグバス。写真を見れば賢明な皆さんならすぐに気がつき

ますよね？「これ、ラパラじゃない！」と。そう、このラゴット。どうもラパラの関連会社、そしてどうやらラパラのフランス代理店らしい。（もしかしたらラパラ・フランスそのもの？）

パッケージには "Conception : RAGOT" "Fabrication : RAPALA" とあるので、ラゴットからの提案でラパラが製作したものかと。

ベースはもう皆さんの読みどおり、プラスティックボディのラトリンファットラップRFR-7。もうひと回り大きいヤツも存在するようで、トップウォーター好きには嬉しいラインナップ。しかしアンダーウォーターのファイナルウェポンとすべく、多大な労力と時間をかけて開発されたであろうラトリンファットトラップを、おそ

このラゴットというところは他にも明らかに他社由来なルアーを用意しているみたいので、今後期待（？）出来るブランドかもしれません。いろいろと、またはボク的に（笑）。

らくは代理店の半ば思いつき（失礼）に近い要請でトップウォーターに仕上げ、そして提供に至るラパラ。なんとも寛大というか、太っ腹加減は賞賛に値するよね。

でも、考えてみればウン年以上前からジャパンスペシャルなどのいわゆる"地元スペシャル"にも応えてきたラパラのこと。フットワークの軽さは大御所らしからぬ対応だと言えるかも。

ところでこのビッグバス。ベースがベースだけにさすがさすがの流麗なボディライン。その考え抜かれたボディワークもおかまいなしに、ペラつけてトップウォーターにでっちあげられちゃうあたり、ボク的には大拍手もの（笑）。

ただね、この個体。どうみてもフロントペラが逆。ヒートンはクルクル回転するだけで抜けない仕様なので、このまま使うしかない。そう、多分エラーってヤツです。こういうところも寛大なんだね（笑）。

どうです？　どこから
どう見てもファット
ラップラパラでしょ。
代理店相手とはいえ他
社ブランドでこれを
やってしまうラパラは
素敵。もちろんオーダー
したほうも素敵。

実はこの個体の他はちゃん
とベラが普通についてた。こ
れ、買った時は気づかなかっ
たんですね。ああ、こんなこ
とならもう1個買っておけ
ばよかったよ。

天才度 ★★
B級度 ★★★★★
『Fabrication→
製作・でっちあげ・偽造』度 ★★

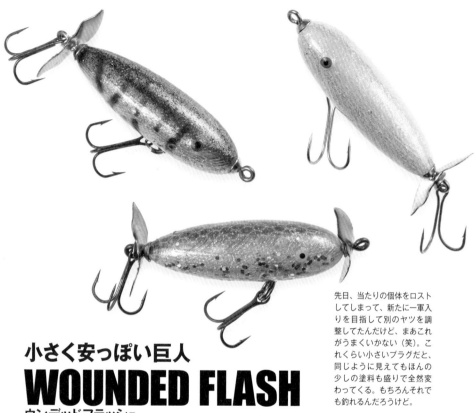

小さく安っぽい巨人
WOUNDED FLASH
ウンデッドフラッシュ
Norman Lures [ノーマン・ルアーズ] 70年代 ～ 2000年代

先日、当たりの個体をロストしてしまって、新たに一軍入りを目指して別のヤツを調整してたんだけど、まあこれがうまくいかない（笑）。これくらい小さいプラグだと、同じように見えてもほんの少しの塗料も盛りで全然変わってくる。もちろんそれでも釣れるんだろうけど。

　実はコレ、『Basser』の連載、ダブって登場してます。もちろん意図したものでなく、以前の掲載を完全に忘れて出しちゃいました。それだけ好きなのかなあ、やっぱり（笑）。

　さておき、とにかく厳しい状況下、なりふり構わずどうしても一本釣りたい時。アナタは何を投げますか？　誰もが切り札的お助けルアーをなんとなくでもボックスに忍ばせていると思うんだけど、ボクが"お守り"と呼ぶキラーアイテムは一番小さい1/4ozのウンデッドフラッシュ。

もう見た目からして大した感じのしない、その表面のクロスエッジングも手伝ってか、ともすりゃ安物・パチモノと見間違う冴えない風体。お店での扱いもそれはそれは酷いもので、捨て値でずーっと端っこにたたずんでいるような、体躯と同じく慎ましやかなお方。でもいざ探すとなると不人気ゆえになかなか出てこないというジレンマに悩まされる、実に困ったヤツでもあるというワケです。

　さてこのウンデッドフラッシュ。大きく分け

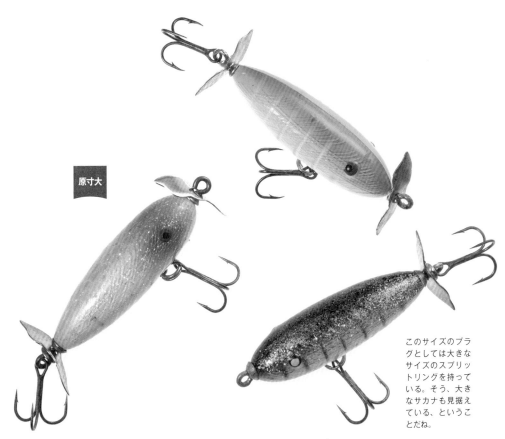

原寸大

このサイズのプラグとしては大きなサイズのスプリットリングを持っている。そう、大きなサカナも見据えている、ということだね。

てペイントパターンが3つ。ノーマルカラーとメッキ、そしてラメを封じたいわゆるダズル。どうにもならない時、コイツのスローなタダ引きを貫くワケなんですが、ボクが多用するのは一番最後のダズルカラー。なぜなら後ろにいく順に比重が高くなる。つまりダズルが一番水面になじむんですね。プロペラは回ってさえいれば音はなくていいくらい。水面の皮一枚かぶるような、そんなギリギリをやってくるヤツが抜群にいい。もちろんどのカラーも良く釣れるんだけれど、経験上このダズルが一番ボクの使い方に合う。サイズ的に小バスはもちろんブルーギルも釣れちゃうし、侮れないのは大型を呼ぶ力もしっかり備えているところ。山椒は小粒でもピリ

リとなんとやら。

　ちなみにコイツはダブルスイッシャーとシングルスイッシャーが存在。先の理由でボクは全てダブルにしちゃうけどね。それからちなみにちなみにこのダズル、塗面の盛り具合で沈むヤツもいる。そうなるとカップワッシャーやスプリットリングを小さくしたり、時には塗面を磨いて薄くしたり、夜な夜な涙ぐましい努力を積み重ね、当たり個体に近づける。わかっていただけます？この苦しくも楽しい時間を（笑）。

天才度 ★★
B級度 ★★★★★
『これでダメならバスいない』度★

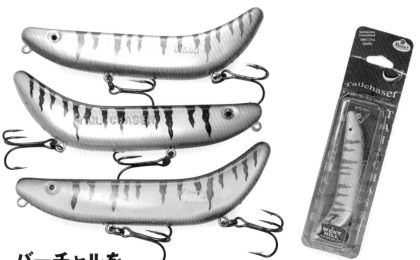

バーチャルを超えることが責務

TAIL CHASER

テイルチェイサー

Mann's Bait Co.

[マンズベイト・カンパニー] 90年代

マンズ。どうしてマンズはこうなのか…。ボクはそんなマンズが大好きで〜す！ 写真を見てもらえれば一発で"こう"であるとか"そんな"の意味をわかっていただけるかと（笑）。テイルチェイサー、そびえるシッポがアタマを追う体裁。大小のラトルがつまったボディはスローシンキング。そう、これは残念ながら（？）トップウォータープラグではないんですが、ロッドアクションを加えてやるとその考え抜かれたボディシェイプが効果をいかんなくなく発揮。水中をヒラッヒラッと左右へ舞いつつ浮上する必殺のプラグなのではないかと。なのではないか、というのは、ボクはまだコイツでバラシのみなんですね。クランクベイトのように勝負の早い釣りを好む向きには少々ツラいかもしれない。でもスローに落として攻めることに慣れたワーム使いの方なら意外とはまるかも？

ちなみにテイルドラッガーという、コイツを上下逆にして太らせたようなトップウォータープラグが後々登場するんですが、なにがしかの関係があったんじゃないかとボクは思ってる。逆さにして浮かせたらどうなるか、なんてことを考えたのかもしれないじゃない？ そんな風に思えるだけでニヤニヤ出来ちゃうワケです。

またまたちなみにこのプラグ、ハンク・パーカー監修の『スーパーブラックバスX』というプレイステーション・ゲームソフトに登場したと聞きました。マンズだらけのこのゲーム、もちろんスポンサーだったんだろうけど、星の数ほどあるルアーでもゲームに登場するものはごく少数。ひょっとしたらものすごいヤツなのかもしれないじゃない？ 期待感溢れるヘンテコリン。ボックスに忍ばせてまだ見ぬテイルチェイサー・フィッシュを夢見て…。

天才度 ★★★　B級度 ★★★★★
『釣果も尻上がりになると嬉しい』度
★★★★

原寸大

　もはやベテランの域を超えてご長寿と呼んでも差し支えないこのお方。皆さまよくご存じ、ストームの看板選手チャグバグ。古くから第一線で活躍し、途中ラトリン化のマイナーチェンジを経て今に至る。ラパラ傘下になった現在も、ヤル気系の装いで元気にラインナップされているワケです。

　初期のチャグバグの浮き角は水平浮きで体を左右に振りつつしっかりポップ音を奏でるんですが、ラトリン化した後の浮き角は斜め45度くらいか。アタマをチョコンと出す様から想像出来るように、その性格は少々異なる。例えば前方へアタマがつんのめるように音を出すことも出来れば、左右への首振りもこなす芸達者ぶり。動かしやすくなってショートバイトにも効く斜め浮きは、単にラトル追加以上の効果を生んだのではないかと。

　生き残った理由はまさにそんなところで、どんなに素晴らしいルアーでもメーカーとしては売れなきゃ仕方がない。つまりチャグバグはストームにとって釣れる＆売れる、大事な大事な看板ルアー。だからこそラパラ・ストームになった今でも堂々と鎮座しているんですね。

　ところでここからが本題。お察しのとおり、左舷に認むは我らがシマノのロゴ。80年代、ダイワが日本代理店だったころのイメージが強いボクは目を疑った。もちろん鞍替えなぞ多々あることなんだろうけど、このカラーが現れた90年代にシマノが代理店だった記憶はボクにはない。これ、想像するに現地法人レベルのスペシャルカラーだったのかなあ。ブルーベースは確かにシマノのためっぽいんだよなあ。いずれにしろこういうノベルティには滅法弱い。もう弱すぎて弱すぎて、このカラー、気絶しそう（笑）。

老兵は死なず。ただ釣りまくるのみ
RATTLIN' CHUG BUG
ラトリンチャグバグ

Storm ［ストーム］80年代半ば〜 2020年現在

天才度 ★★★　　B級度 ★★
『メジャー処の競演にはホント驚いた』度 ★★★★★

意外なところから
拝借しちゃったケロよ
MR. SURF FROG
Mr. サーフフロッグ

Cormoran
[コーモラン] 80年代 ～ 90年代

　クラックルカラーの効いた、コーモランが誇るカエル兄弟の次男坊、Mr.サーフフロッグ。長兄にはマイクロハトリーズと呼ばれて久しいMr.トップフロッグ、弟分にリップの長いMr.ディープフロッグというヤツがいるんですが、ディープでなくデープなのでお間違いのないように(笑)。

　さてこのサーフフロッグ。トリプルフックに樹脂製のウィードガード、さらにラバースカートもついてなかなかのやる気を見せてくれているんですが、泳ぎはあまり得意ではないようで。ゆーっくり引けばユラユラしてくれるものの、いい感じに潜らせようとすると斜めになってスイーッと来てしまう。どの個体も似たような感じなので持病かと思われます。リップを削ったりウェイトを足したりすればうまくいくのかもしれないけれど、出来れば手を加えたくないのが世の常。ウィードレス性能を活かして、障害物周りに入れてモジモジ作戦が活きる道か。

　そうそう、ところで何をどう拝借しちゃったのかというと、実はこのボディ、レーベル・バズンフロッグのアタマのカタチ。側面形バッチリのトレース具合にお尻をちょっと丸くボリュームアップしてあげればほら、完全一致！　しかも我が国にはほとんど入ってこなかったと思われるラージサイズをチョイス。これ、ネタ元を特定されないために意図的だったとしたらすごいよね。

　しかしそもそも回転を抑えるためのヘッドなのに、これにリップをつけてサーフェイスクランク化するとは本家レーベルも夢にも思わなかっただろうなあ。気がついた時、ボクも本当にビックリしたもの。

これ、どうしてこんなカタチなんだろう、と は思ってた。まさかバズン大のヘッド部だったとは。実はバズン小とは結構違う形状だから、余計気づかなかったよ。

天才度 ★★
B級度 ★★★★★
『とうとうバレたケロね』度 ★★★★★

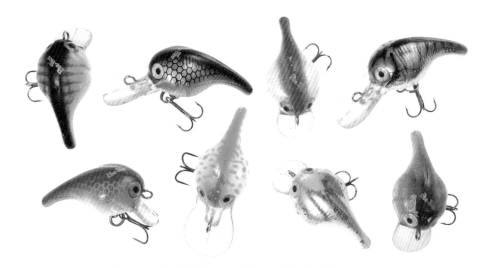

ちょっと箸休めをしてみよう
PEE-WEE SLIMER 原寸大
ピーウィー・スライマー
Ken Craft [ケンクラフト] 90年代後半 ～ 2000年代

　渾身のナイスキャスト。いいところに収まったルアーに対するなにがしかの反応に「チビバスすぎてのらないなあ」とか、「今のはギルのつっつきバイト？」であるとか、小さな波紋ひとつに一喜一憂するのがボクら釣り人（笑）。そんなチビちゃんのお戯れで一日が終わってしまうこと、ありませんか？　本命の反応がイマイチ悪くとも、このチビちゃん達がアグレッシブな時。ならばちょっと箸休め的に遊んでもらうのもアリではないかと。

　で、早速サイドアームとして小さなルアーを投げられるタックルを用意したら、これが思いのほか面白い。「チビバスなら大丈夫でもギルも狙うならこのフックサイズだと…」とか、「動線から振れないほうがバイト多いのか」などといつしか真剣になっちゃうんですね。

　というワケでピーウィーというマイクロシリーズをも展開していたケンクラフトのチビチビクランク、スライマー。ボディ長30mmほどで、リップの長いほうはアタマにディープという名がつく。振り幅の小さめなプリプリアクションは細いテイルがアクセントになって魅力的。管釣りメインのプラグなんだろうけど、これが実によく釣れるんですね。輪をかけて小さい目にはシェルアイ（貝）を奢る、一貫したクォリティのケンクラフト。あらためて感心しちゃいます。

　あ、ちなみにこの箸休めを始めてしまうとね、どっちがメインかわからなくなる時がある（笑）。でもね、だまされたと思ってマイクロタックルをワンセット忍ばせてみて。ホント楽しいから。

天才度 ★★★　B級度 ★★★
『管釣りブーム時に登場してたなら…』度
★★★★★

背ビレの意思を継ぐ者

SHAGGY DAWG
シャギードウグ

Bill Lewis Lures [ビルルイス・ルアーズ] 80年代 ～ 2000年代

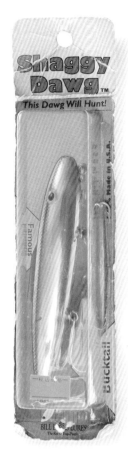

ゴチャなイメージ。でもボディそのものはシンプルかつ気持ちのいい綺麗なラインを描く。先のジャラジャラでボディの大半を沈める立ち浮き系ペンシルベイトは、それでもプラ製の利を活かし、軽快に首を振れば切れのいいダイビングもこなす。脚の長いスライドは苦手なれど、そんなものはシャギードウグにとってどうでもいい。むしろはなっから捨てているから。なぜならこれ、ワタクシ思うに"アンチ喰いっぱぐれペンシルベイト"なんじゃないかと。

　立ち浮きのショートバイト対応、脚の短い首振りはアタックゾーンを相手に絞らせ与え、とどめはなりふり構わぬスリーフッカー。あ、さらには食い込み率アップのため、わざわざフェザー付きフックを別に同封するという徹底した食いっぱぐれ対策。まあ、フロントフックはラインやスナップにたびたび絡むし、このボディならばツーフッカーでも十分機能するはずなんだよね。でも大事なのは"どこにプライオリティを置くか"。大義のために捨てるべくを捨てる。本分を思えば絡みやすいとか実に些細なことなのよ（笑）。ボクはコイツを見るたびビルルイスの本気を感じ、凄みを感じ、バスフィッシングを感じるのでございます。

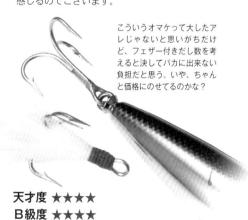

こういうオマケって大したアレじゃないと思いがちだけど、フェザー付きだし数を考えると決してバカに出来ない負担だと思う。いや、ちゃんと価格にのせてるのかな？

そびえる背ビレはアイデンティティ、何人にも譲るワケにはいくまい。これこそがラトルトラップからの伝統を背ビレと共に背負い続けるビルルイスの証。もっとも最近の作品は背ビレが取れているものも多いけどね（笑）。継承かブラッシュアップか。企業にとって難しいところだろうけど、記号としての認知度は高いんだから積み重ねてきた歴史は大事にしたほうがいいのになあ、とは思う。

　さておき、一族の誇りを胸に…、いや、背中に背ビレを立てるのはシャギードウグ。ジャラジャララトル満載のスリーフッカーは一見ゴチャ

天才度 ★★★★
B級度 ★★★★
『人よりサカナを釣る本気』度 ★★★★★

数多くあるラインナップのほとんどは不思議とどこかの誰かにソックリなザ・プロデューサーズ。そんななか、ちょっと面白いヤツがいるなあ、と目についたのがこの泳ぐ水中矢切ねぎ、シュリンプ・ア・ルイ。

まるでフラフープを斜めに何十個にもカットしたかのごとく、そのボディシェイプは果てしなく潔い。ジャラジャララトルがたくさん入っていることからもシンキングなのは必至。シンプルなボディと裏腹に、ラインアイと共に固定された不思議な触感の自由にカタチを作れる針金（鉛？）と、贅沢に夜光塗料を奢る出目から、エビを模したものであることは明らか。…あ、名前がすでにそうか（笑）。

さておき、夜の川っぺりを覗くとエビの目が周りのほのかな灯りを受けて光っているのを見たことがある方、いるでしょ？　そんな様子を表現するこだわりと、対照的に恐ろしくディテールを廃したボディアレンジ。このギャップが可笑しくも素敵に見えるんですね。肝心のアクションはというと、いきなりズドンと沈むファストシンキングではなく、スーッと自然にフォール。刻むようにロッドアクションを加えてやると、左右にボディを振りつつ頭部下のカットのおかげで徐々に深度を上げてくる感じ。もちろんここでもエビらしさを演出するヒゲがひと役買っている（はず）。パケ裏には自信をうかがわせるコピーがところ狭しと溢れかえっているし、きっと釣れ釣れで仕方ない（はず）でしょうね。

でもさ、ひょっとするとどこかにオリジナルがあるのかなあ？　ボクが知らないだけで、やっぱりいつものプロデューサーズだったりするのかなあ？

潔さとこだわりの装い
SHRIMP A LUI
シュリンプ・ア・ルイ
The Producers
［ザ・プロデューサーズ］
2000年代

天才度 ★★　B級度 ★★★★★
『きっといつもの
　プロデューサーズ（のはず？）』度 ★★

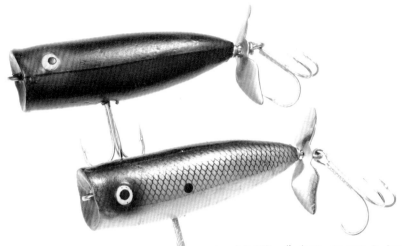

結構づくめの不人気者
POP TOP
ポップトップ
Burke
[バーク] 70年代～80年代

　Ｂ級バークが誇る軟質ナヨナヨシリーズ！　その名もポップトップ。もはやご存じのとおりボディは軟質素材。各アイが内部でチェーンによって繋がっているので、ボディがグニャグニャ曲がっても大丈夫、そんな工夫がなされている。オシリがダブルフックで待ち針のようなウィードガードがつくタイプもあり、さらにサイズ違いも存在。同ソフトプラグシリーズのバサシンと並び、シリーズ中では優遇された存在だったようです。

　さてこのソフトプラグシリーズ、一体どこが優れているのか？　まず着水音がソフト。ボクはあまり着水音は気にしないんだけど、それでもずいぶん優しく落ちるもんだなあ、と感心しきり。ポップトップはポップ音も柔らかく独特の響きでフックがボディに当たる音も皆無だから、プロペラのスイッシュ音も気持ち澄んでいるような、そんな感覚にすら襲われる。続いて食い込みの良さ。というよりすぐに離さない、と言った方がいいか。至近距離で食ったバスが、フックが刺さっていないにもかかわらず手前までくわえたままついてきたことも！　さらに二次的効果としてぶつけても壊れない。だから障害物に当てて落としても、場荒れ知らずといいことづくめ。

　でもオールド市場でイマイチ盛り上がらない

のは、やはりソフトな体裁が敬遠要因か。実はバーク、経年劣化がほとんどなくボックス内で他のプラグを侵すこともない、普通のプラグ感覚でいられる稀有な存在。すなわち市場におけるリーズナブルさもフニャフニャ君の優位なポイント。

　ひとつ気をつけたいのは各アイが真鍮のため、破損すると内部構造的にリカバーが大変。以前直したんですが、折れたリグにフックをぶら下げつつ、折れた部分を内部ワイヤに引っかけて再び曲げ加工という、ミラクルリカバーの末に復活。…なんのことだかよくわからないよね（笑）。でもね、愛の力で復活させたいの。アイだけに。

天才度 ★★★★
Ｂ級度 ★★★★★
『密かにいい思いしちゃいましょうよ』度
★★★★★

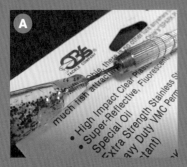

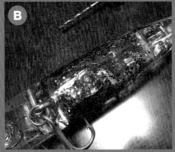

COLUMN
#4

オビーズ・
ツインスピン
チューン

Tuning
OB's Twin Spin

グリッターギッターという、菱形で扁平でボディ内部に液体とカラフルなラメの入っているおかしなクランクベイトを見たことのある方がいると思うんですが、そこのダブルスイッシャーがこのツインスピン。同フォーマットで展開するのは同ボディのシングルスイッシャー、ペンシルベイト、そして金型を少しいじってリップをつけたミノーの4タイプ。内部構造的に1気室と2気室が存在するんですが…。詳しくは先のオビーズ・スパークプラグシリーズを参照してください。

いずれにしろラメと目以外、カラーバリエーションのないことや、シンプルすぎる見た目からそうそう食指の動かないタイプなのかもしれないんですが、ひょっとするとここ数年、ボクが一番バスを釣ったルアーが実はこのツインスピンかも。最近は極力頼らないようにしているけれど。ただ見てわかるとおりこの体裁、オイル量の塩梅で浮くものもあれば沈むものもあり。当然うまい具合（?）にサスペンドあり、とにかく出たとこ勝負なとっつきづらい困ったプラグでもあるんですね。

ただダブルスイッシャーたるもの、やっぱり浮かせて使いたいのがバサーの常。というワケで今回はボクがやっている浮かせる方法を少しばかり。まず一番スマートなのはヒートンの穴を内壁まで貫通させてオイルを抜く方法。もちろん奥に詰め物をして塞ぐんですが、経験上漏れることの多い方法であまりオススメはしません（写真A）。もうひとつ、腹部をよく見るとオイルを入れた穴を塞ぐ栓がうっすらわかると思います。この栓のセンターに穴を開けて抜く。ボディの合わせ目にあけるより、ワンピースで

肉厚な栓に空けるのがベストかと（写真
B）。その後オイルを適量抜き、ティッ
シュを詰めて瞬間接着剤で固める。この
際、出来れば先にブレーキクリーナーや
シリコンオフをひたした"こより"で
穴を脱脂しておくとGood。固まったら
ティッシュのアタマをカッターで飛ばし、
再度瞬間接着剤を一滴落として終了（写
真C）。オイル抜きすぎた！ という場合
は100均の万能オイルを足すことでリカ
バーできるので慌てる必要ナシ（写真D）。

　ボクは基本、タダ引き使用なのでどれ
だけ水になじんで引けるかを重視。だか
ら浮き方は鼻っ面が水面から少し出る程
度。オイルは量にかかわらず必ず後ろに
移動するので、程度の差こそあれ、ま
ず浮き角は尻下がりになります。ただ、
引いてしまえばボディはおのずと水平に
なるワケで。静止状態での水平浮きを目
指す方は前室・後室を両方抜くなどいろ
いろ試してみてください。

　そして最後の裏ワザはフローティン
グ出現率の高い1気室ボディをダブルス
イッシャーにしてしまう方法。ただ、プ
ロペラをつけたら沈むかもしれないし、
その際、やっぱりオイル抜きは必要だし、
ラインアイの位置変更もしなければなら
ないしで、かえって面倒になる可能性
も。塩梅でシングルスイッシャー止まり
にしておく、という手もあるかもしれな
いけどね（笑）。

　オビーズは頻繁に出てくる感じじゃな
いけど、血まなこになって探すほどの
物でもないので、アンテナ高めで気にし
てみてください。実際、ボクの他にもオ
イルを抜いていつでもどこでもバシバシ
釣ってる方がいます。興味のある方はゼ
ヒゼヒ参考にしてくださいね。

創造・熱意・実行の三角術
TRIANGLER
トライアングラー
Ascii NT
［アスキーNT］1999年

下のバスランディングの
チラシ、実は厚手の立派
な箱にルアーと共に同封
されているもの。奇妙な
生い立ちを持つトライア
ングラーを象徴する、貴
重な付属品。

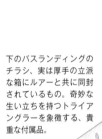

原寸大

三角形の特異な扁平ボディは、昔その手の本
に出てきた何々型UFOというワードを思い起こ
させる。ユニークな後方ダブルスイッシャーの
このお方、トライアングラー。その生い立ちの
いささか奇妙で面白いこと面白いこと。

　始まりは月刊『フィッシング』のハンドメイド
ルアーコンテストにて佳作を受賞したこと。そ
の後紛失するも再度製作し、『Basser』のやはり
コンテストにてまたも佳作入賞。当時ゲームメー
カーに在籍していた製作者はコンシューマー
ゲームのバスランディング２に私利私欲で登場
させ（笑）、つり人社の看板や、その名も“Basser”
なるトーナメントをゲーム内で展開するという
未だかつてないスケールの暴挙に…。

　てっきりボクはそのゲームありきで販売に
なった、と思ってたんですね。ところがこの製
作者、なんと私財を投じ、プロト製作から実に
20年の時を経て量産にこぎつけたワケです。今

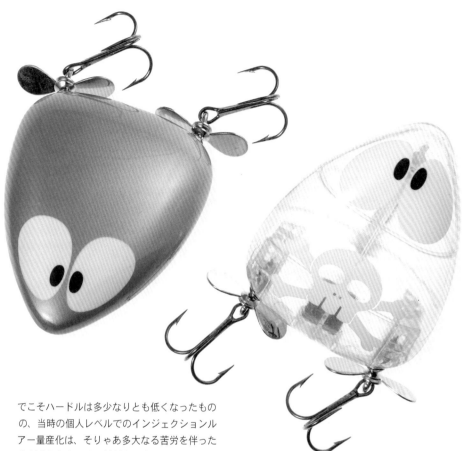

でこそハードルは多少なりとも低くなったものの、当時の個人レベルでのインジェクションルアー量産化は、そりゃあ多大なる苦労を伴ったんだろうなあ。その情熱たるやアタマの下がる思いと共に、振り切れ具合にただただ驚くばかり。

ちなみに初めは無印のものを発売。すぐに背中にドクロ仕様となり、その後無印は背中にゲームスポンサーのステッカーを貼るタイアップ要員として展開。またクリアボディの試作品は8つほど製作された貴重な個体なんですって！

気になるアクションのほうは、尻下がりからの起き上がり小法師よろしくピョコピョコのスロー＆ステディ。極力移動を抑えるためのダブルペラと幅広ボディは単なる思いつきではなく、理詰めと個性表現の果てに辿り着いたシロモノ。

さらにドクロの意味を訪ねると、プロト製作時に背中が寂しかったのでキャプテンハーロック・アルカディア号のプラモデルよりデカールを拝借したのがきっかけとのこと（驚）。

ね、事実は小説よりなんとやら。古今東西いきさつなんてね、ボクらの想像のはるか斜め上を行くことばかり。バス業界の激レアさん（笑）。

天才度 ★★★★　B級度 ★★★★★
『当事者の裏話に勝るものなし』度
★★★★★

口腔から脳天に突き抜ける穴はある
意味スプラッター的な要素。加えて
有機的で独特な表面モールドも手
伝って、チャグンスピットを怪作に
押し上げる（笑）。

天下御免の向こう傷
CHUG-N-SPIT
チャグンスピット
Mann's Bait Co.
［マンズベイト・カンパニー］
80年代後半～90年代

　マンズ。どうしてマンズはこうなのか…。ボクはこのメーカー大好きで～す！！！！

　男の子ってのは昔から "ドリル" のついたメカに弱かった。そう、あの回転するとがったヤツ。これがついてさえいればどんなメカでも大概ズキューン！ と胸を打ち抜かれたはず。古くはサンダーバードのジェットモグラ、ゲッター2であるとか、ベルシダーやマグマライザー、ガオガイガー、轟天号、アッグにドロロロボMk-IIにダイバスター1号、それにガウディとか（最後は違うか。笑）。

　それはさておき、ルアーでいうならば "穴" に弱いのはボクだけだろうか。古今東西その体裁は数あれど、アクアソニック一連、トラブルシューター、ヘッドハンターなど。それからカンガルーシャッドのようなものもそうだし、広い意味ではトップケビーも穴といえば穴。

　そんななか、満を持して（？）登場したのはこのチャグンスピット。例によってトム・マンおじさん除籍後のマンズらしい怪作。穴開きプラグの多くは水流を意識したものが多数を占めるワ

ケなんですけど、コイツの場合は上方へ、つまり空に向かうカタチで眉間に穴を開けた。前方へのスプラッシュもさることながら、ボディ後方への飛沫効果にも目を向けた、というところか。

　正直、それが顕著に現れると言い切ることがボクには出来ない。必ずボックスに入れて多用していても。でも、チャカチャカ首を振らせるとボディはバブルをまとっているように見えるし、あおってあげれば確かに潮吹きよろしく頭上に水を吹き出してくれてはいるし、もしかすると今までの穴兄弟と同様、水流サウンドに秘密があるのかもしれない。だってこれ、本当によく釣れるもの。そうそう、サウンドといえばチャグンスピットのラトル音は決して大きい音ではないのに、そこそこ距離があっても聞こえるような、ちょっと特徴的でクセになる音。これも釣れる要因のひとつなのか。

　しかしドリルの話じゃないけど、ルアーにおける"穴"っていうのはなにがしかの期待感をあおる絶大なるファクターなんじゃなかろうか。もちろんあのマンズのことだから、あおりだけではない確固たる"何か"がそこに存在しているはずなんですけどね。

ちょっとわかりづらいかもしれないけど、これはリトルジョージが同封されたボーナスパッケージ。こんな体裁で売っていたんですね。多分、価格もチャグン単品と変わらないくらいで買ったと思う。本当は"プラス1"的なシールが貼ってあったんだけど剥がれて紛失したんですね。惜しいことをしちゃったなあ。

この3本は未塗装ブランクを入手してボクがペイントしたもの。結構助けてもらっているんですよ。

天才度 ★★★★
B級度 ★★★★★
『ハッ、まさか眉間の穴はドリルで!?』度 ★

"ナイス"の塊、"ナイス"な魂
POP'N SHRIMP
ポップンシュリンプ
Bomber [ボーマー] 2000年代

上がフレッシュウォーター、下が
ソルトウォーター用。他に往年の
ボーマーベイトを彷彿とさせるよ
うなナイスカラーがたくさんあっ
てちょっと嬉しくなっちゃう。

クリアのザラパピーやベビーザラにクリアの
ラバースカートをつけ、モエビパターンと称し
ピッピッピッ、と操りバカスカ釣る友人がいる。
そんな時、ボクの脆弱で矮小なアタマに浮かぶ
コイツ、老舗ボーマーのナイスモチーフアレン
ジ大賞、ポップンシュリンプ。

先のモエビとはまた違う、いわゆるザリガニく
らいのエビを模していて、これが往年のボーマー
ベイトを彷彿とさせるナイスプリント。頭部（ルア
ー的には後部）は甲殻類特有のギザギザンテイ
ストで上手くまとめ、飛び出した目は水中でキラ
キラ光るエビの目を完全に意識しラメで塗り固
めるという、これはもうナイスすぎるこだわり。
さらに前後フックにはラバースカートを控えめ
に数本ずつ。触覚と細い脚を表現するにはこれ
しかないという塩梅。ガッサリワッサリつけたく
なるところをこの程度で抑えるあたり、コイツ
を作った人はナイスセンスの塊だと感心しきり
なのであります。

さて、実はこのポップンシュリンプ、フレッ
シュウォーター用とソルトウォーター用があっ
て、おそらくのちにソルトに転用されたんじゃない
かと想像。フレッシュはラトルルームが存在し、
ソルトはボディ内がドンガラでラトルが前後に
暴れる仕様。従って浮き角も違い、フレッシュ
はほぼ水平浮きなのに対しソルトはやや尻下がり。
ピッピッピッと軽やかポッピングしやすい前者、
荒れ場でも水をしっかりつかみ首振り＆ポップ
音に重きを遅く後者と言ったところか。さらに
ソルトはジンクフックを奢り、エクスキャリバー
フック宜しくヒネリを入れるというえげつなさ。

しかし近年ものでもうまいことやれるという
いい見本。かつ、気概を感じることが出来て、
本当に嬉しかったプラグなのであります。

天才度 ★★★★　B級度 ★★★★★
『彼のモエビパターンに勝てるのか?』度
★★★

伝説の指名手配犯
JACK THE RIPPER
ジャック・ザ・リパー

Bill Lewis Lures
[ビルルイス・ルアーズ] 70年代後半～80年代

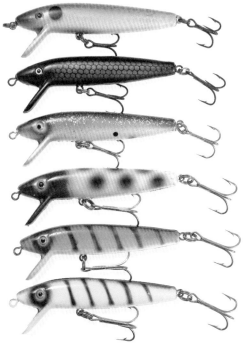

　我が国のバスフィッシング黎明期真っ只中の80年代。『Basser』より先駆けること数年、『Tackle Box』という雑誌が創刊される。当時はバスフィッシングに関するあらゆる情報がおぼろげで、売るほうも買うほうも手探りな時代。そんな中、30ページほどの薄めのカタログと見紛うような体裁と、¥300を切る低価格でショップに置かれ始める。その気安さも手伝ってかボクらは問答無用で飛びつきむさぼった。手作り感溢れる誌面は牧歌的で、それでいて普段知り得ることの出来ない貴重な情報がたくさん。読者投稿からショップ広告のセールまで、その全てが待ち遠しい雑誌だったんですね。

　そんな『Tackle Box』の記事は今もってボクには印象的で、最も記憶に残っているのはこのジャック・ザ・リパーの紹介。「19世紀末、霧とスモッグに煙るロンドンを舞台に、幾人もの女性の喉を切り裂いたにもかかわらず、迷宮の闇の中に消えた殺人鬼"切り裂きジャック"。その名をもらったせいか、このミノー、バスのみならずブラウンにも鋭い切れ味を…(『Tackle Box』No.15より)」。続く記事によると泳ぎの不安定さからこの時点で数年前に製造中止とのこと。

　とにかくボクは現物が見たかった。その願いが叶うまで20年強。指名手配犯を捕獲したという感慨にDab警部補、やっぱり手が震えたね(笑)。

　実際泳がせてみるとやはり記事のとおり、ある程度の速さで倒れ、回り、その限界値は低い。かろうじてフックでバランスを取っている感じだけど、我が国ではトップウォーターミノーイ

ングで切れ味を発揮したみたいだから、ところ変われば立場も変わる、ということか。

　上1本はビルルイス物。2本目はビルルイスか前身のレッドリバー物。残り4本は流出物だと思うんですが、比較的新しく見えるので、もしかするとどこかでひっそり生き延びているのかもしれないね。

天才度 ★★
B級度 ★★★★★
『結局、釣ったのは
回収中』度 ★★★★★

原寸大

一生忘れられない醤油さし
ULTIMATE SERIES TOPWATER SHAD

アルティメットシリーズ・トップウォーターシャッド

Culprit ［カルプリット］ 2010年代

古今東西様々なタイプのルアーが存在し、ボクやアナタがこうしている間にも続々と産声を上げ世に出ているワケですが、そんななか、いつの時代も愛らしさで魅了するのはサカナ型のルアー。サカナを釣るには至極当然の体裁にもかかわらず、ヒレとシッポと丸く膨らんだ体躯は無条件で愛でたくなるのはバサーの性（笑）。

そして老舗中の老舗、カルプリットもトップウォーターシャッドをクラシカルなサカナ型で送り出す。但しソフトベイトの得意なメーカーらしく、ここは中空フロッグタイプで勝負。先にあげた体裁を備えつつクチがポコンと出っぱっている姿はまさに醤油差し。ソフトボディも相まってその姿は愛らしさに拍車をかける。ヒレは横方向でのフックポイントをガードする、機能とデザインが一致する秀逸なもの。ウェイトはしっかりはめ込んであって、チューンせずにそのまま使えるのもポイント高し。上部はフラットなれど下部は丸くなっていて本当によく動く芸達者、使っていて実に気持ちいい。それはもう素晴らしい出来なんだけど、特徴的

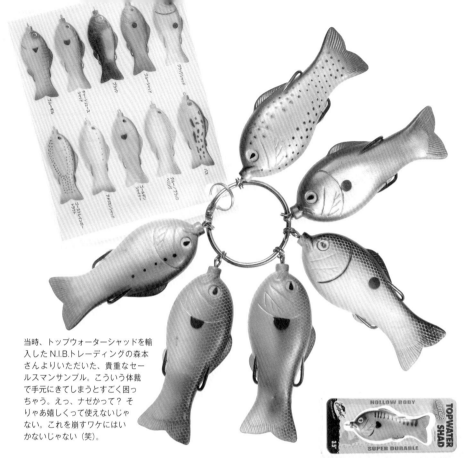

当時、トップウォーターシャッドを輸入した N.I.B.トレーディングの森本さんよりいただいた、貴重なセールスマンサンプル。こういう体裁で手元にきてしまうとすごく困っちゃう。えっ、ナゼかって？ そりゃあ嬉しくって使えないじゃない。これを崩すワケにはいかないじゃない（笑）。

なシェイプのためか、はたまたまあまあ大きいサイズと少々硬めな材質のせいか、ガッツリ呑み込むようなバイトじゃないとフックアップしづらい。ナイスなアクションに反応はあっても、のらないジレンマにギリギリと歯ぎしり。もう歯ぐきから血が出そうなくらい（笑）。

が、しかし。実際にこれでかけたバスは、水面から空高く完全に飛び出すジャンピング丸呑みの、生涯で一番の忘れられないマーベラスなバイトだったんですね。まるで原潜から発射されたICBMのようなバイトシーン、今も脳裏に焼きついて離れないワケです。欲をいえば、我が国ならばもうワンサイズ小さいものがあると嬉

しかったけど。

　ちなみにこれ以降、3Dアイモデルやボディをもっとリアル寄りにしたものも登場。でも、ボクにはこれぐらいが可愛らしくて好み。3Dアイはキラキラしてリアルかもしれないけど、ルアーとしてはむしろ表情の画一化、つまり無個性の最たるものだと思ってるし、ボディもこれくらいのプレーンさだから可愛いのであってね。

天才度 ★★★
B級度 ★★★★★
『コイツを見るたび蘇るあの光景』度
★★★★★

遊び心、センスひとつ
PEANUT II
PRO COLOR EDITION MIYAKE PRO

ピーナッツII・プロカラーエディション 三宅プロ

Daiwa [ダイワ] 2014年

ひとたび投げれば千里を越えるがごとく。動けばあらゆる者を魅了し、その釣果は常に堅く、時には烈火の勢いなり。

もはや説明不要の国民的クランクベイト、ピーナッツII。その歴史は古く、ダイワが80年代初頭にストライクキングより権利を得てラインナップに追加されるやいなや、使い手にわかりやすいアクションと安価な価格設定も手伝ってか人気者に。様々なバリエーションも生まれ、いつの時代も第一線を張る稀有な存在として今に至るんですね。当時トップケビーやバスジャッカー等と共に、広がる日本のバスフィッシング市場に対応すべくアメリカからの助っ人的導入だったんだけど、まさかここまで席巻するとは一体誰が想像出来たというのか。

そんなピーナッツIIにもついにプロの手によるスペシャルカラーが登場するのは2014年のこと。なかでもこの三宅貴浩プロのカラーには大きく琴線を弾かれてしまうワケです。サイドのフロッグパターンはひとつひとつ我が国のメジャーレイクのカタチをしているというナイスアイディア。自分のホームレイクが描いてあればさらに嬉しくなってしまうし、そうでなくて

もギミックとしてアメプラグっぽ。加えて素に特化することとしてしっかりが実にハイレベル。リカっぽい、バスいじゃありませんか。晴らしいのは決して遊びとなく、ルアーのカラー成立しているところイエローとホワイトの、わざわざ版ズレを起こしたような処理でクラシカルな要素を感じさせるこだわりといい、こういったスマートな遊び心こそバスフィッシングの原点を感じさせると共に、近年では忘れられていた部分なのではないかと。こういう手があるとは夢にも思わなかったなあ。ここ最近で一番度肝を抜かれた、それはそれは愛おしくなるプラグの誕生を見た気がします。

ナイスカラーなアイディア度 ★★★★★
B級度 ★
『牛久沼、追加しちゃおうかなあ』度 ★

サカナの切り身みたいなルアーだなあ、と思ったそこのアナタ、大正解。老舗レスデイヴィスのギロチンルアー、カットプラグの2と3。首を落としたかのようなカット面は、安いスプラッター映画のようにざっくり赤く塗られ、それがかえって生々しい。

実はこれ、あちらのサーモンフィッシングでポピュラーな、まさにニシンのアタマ落としを模したルアーなんですね。斜めにカットしたニシンはカットプラグ、またはカットベイトと呼ばれ、これを使いトロウリングで狙うらしい。つまりネーミングもそのまんま(笑)。

その生餌を模したカットプラグ。ボディは平べったく湾曲し、アタマのカットは見事に斜め。そしてラインアイも明らかに中途半端でおかしな位置につけられている。したがって中心軸をはずしたこのシンキングルアーは、渦を巻くように回転して泳いでくるワケです。リトリーブのスピード次第ではグルンッ、グルンッ、から

グルグルグル…と。本来の使い方とは違うのかもしれないけど、これ、結構面白い。実際のカットベイトはアタマを落とす塩梅で動きを変えるんだとか。果たしてコイツの場合、一番いいところを狙ったカットなんだろうか?

バス用ルアーは中心軸を大事にしているものが多く、この動きはすごく新鮮でしたね。切り身のイミテイトという外見もシュールでGood。

でもさ、生のカットベイトは当然"味"が染み出てくるじゃないですか。そういった部分も含めて結果が出ているんだろうし。ま、いろいろすっ飛ばしてカットベイト自体をまんまルアーにしてしまうところはさすがアメリカ。ええ、ボクはキャスティングで使いますよ。 もちろんバス狙いでね(大真面目)。

天才度 ★★★
B級度 ★★★★★
『回転系レボリューション』度 ★★★★★

本末転倒的、餌のプラグ
CUT PLUG 2 & 3
カットプラグ2&3
Les Davis
[レスデイヴィス] 年代不明

原寸大

今では普通にどこかで見たことのあるクランクベイト、という感じなんだけど、初めて見た時はかなりの違和感に包まれた衝撃のルアー、ダイビングティッカー。一見、スタンダードな感じのコイツのどこに違和感を感じたというのか。それはこのクランクベイトが80年代半ばのあのヘドンのルアーだということ。いや、正しくはヘドンの名を冠してリリースされた、といったほうがいいか。実はこのルアー、昔バグリーでチーフデザイナーをしていた、そして今では誰もが知っているであろうあのリー・シッソンのクランクベイトだったんですね。

1984年、ご存じのようにヘドンはエビスコ傘下となり、厳密にヘドンがヘドンであることに終止符を打つ。その時、ヘドンブランドで売られたのがこのシッソン製クランクベイト。サイズ違いその他、極細のミノーメイトもいたんですが、とにかく初めてこれを見たボクらは一様に驚いた。「一体これのどこがヘドンなんだろう？？？」と。

今でこそ買収とかOEMなど多少なりともわかるけど、当時の少年はそんなこと知る由もなし。ボクらが好んで投げていたあのヘドンはどうしちゃったのかと、強烈な違和感ばかりが先に立ってしまったんですね。思えばもはやクラシカルになりつつあるヘドンのイメージを、少しでも当時なりの"今風"にもっていこうというエビスコの立て直し戦略だったのか。

それ以前にヘドンはラブルルーザーやピコの一部を買い取って販売してはいたんだけど、ラブルのものは塗装を自身で施していたり、ピコもクラシカルな比較的近し

いテイストだったためか、違和感はそれほどでもなかった。そこに突然の洗練されたウッドクランクベイトのラインナップ。子供心になにやら不穏な空気を感じとるワケです。その後、エビスコへ下ったヘドンの状況を知り、得体の知れぬ気持ち悪い予感が的中してしまったという、涙、涙の一品なのでございます。

悲しきイメチェン
DIVING TICKER
ダイビングティッカー
Heddon
[ヘドン] 84年～90年代初め

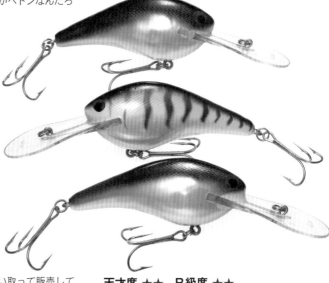

天才度 ★★　　B級度 ★★
『罪はない、君がヘドンでさえなければ』度
★★★★★

のっけからすみません、実は正式名称わからず、です。ペンシルバニア発、老舗フライ屋ゲインズのルアー部門を担う、フィリップスのなりきりポッパー。そうです、何になりきっているのか一目瞭然。どこから見てもセミでございます。

フィリップスにはお尻に羽をつけた別のポッパーもあるんだけど、こっちにはボク、とても感銘を受けてしまったんですね。

まず、全体のフォルムが見事にセミなところ。可愛らしいポッパーで終わるところを、両側に羽をつけることによってセミに見せることに成功。流用ポッパーのボディ自体のカタチ、つまり平面図で言えばアタマが四角く、後ろにいくにしたがって細くなるオーソドックスなラインにセミを見いだした着眼点。最短、最小限で表現しているところが素晴らしい。

最短、最小限でセミを表現

PHILLPS
フィリップス（名称不明）
Philips
[フィリップス] 年代不明

天才度 ★★★★
B級度 ★★★★★
『おらぬなら、作ってしまえ、アブラゼミ』度
★★★★★

そして口を赤く塗りがちなポッパーを、そこはグッと我慢してボディと同色。あくまでセミを意識し、その気持ちを通したカラーリング。サイドのボーンパターンもセミの蛇腹を表現するのに流用した、と考えるのが筋かと。

前述のように親会社がフライ関係であり、そもそもフィリップス自体、実はフライメーカー。セミをイミテイトするアイディアも当然ながらマテリアルには事欠かない。その着眼点と手持ちのパーツ流用が見事に合致した素敵な例なんじゃないかなあ。このあたりはセンスの問題で、例えばわざわざ専用パーツを作ったところでうまくまとめられなければトンチンカンなことになってしまう。ま、そのトンチンカンでいつも楽しませてもらっているんですけどね。

しかし、出来ることならば水に潜って下から見ていたいなあ。大きなバスと一緒に(笑)。

古くから我が国のルアーフィッシングを支えてきたコーモラン。舶来ものが偉かった時代から彼らは彼らのやり方で勝負してきた。小さなエサ釣り屋さんでも扱うほどの安価な価格設定は、やはり当時小さかったボクらにはポピュラーでもっとも身近なルアーブランドだったのかもしれない。そして、そんなコーモランもやがて勝負の仕方を変えてくる。スーパーコッド。実はこのあたりからオリジナリティを打ち出していくこととなる。

ちょっとパイクづらした風変わりなミノーなんだけど、よく見れば断面が極端なくさび形で、お腹側はエッジが立つまでいかなくとも薄くなる作り。つまりフラットで広いサイド面を極力とろうという、そんな気持ちが見えるカタチ。カオとは裏腹の、ナイフっぽいシャープなボディーを持つミノーの浮き角はほぼ垂直に近い。そして鼻っつらがチョコンと出るほどの低浮力……。これ、いったい狙いはなんなのか。いろいろあたってみた結果、トップウォーターミノーイングのために作られた画期的な"コーモラン"だったんですね（えぐり師チャーリーさん、どうもありがとうございます）。

チョンっとロッドをあおると、一見、卓球のラケットのような不安の募るリップで水をつかむ。同時にアゴ下の平面部でポップ音を奏でつつダイブ、そして扁平ボディーでフラッシング。その後、フラ〜っと弱い浮力で水面を目指す。こういうことなんじゃないかと思う。

但しこのスーパーコッド、普通に引いてもちゃあんと泳ぐ。少しワイドな動きながら十分魅力的。個人的にはもうちょっと浮力が欲しいところだけど、きっと開発の狙いはこのへんでいいんだと感じます。

コーモランが独自のオリジナル路線を歩み始める…。そんな過渡期を垣間見ることのできる、実はコーモラン的に重要なポジションのルアーだったのかもしれませんね。

下の2本はMr.PLUGなるナゾのブランド。アウトラインはほぼ一緒なれど、よく見るとモールド等は違うね。

エッジの効いたコーモラン

SUPER COD
スーパーコッド

Cormoran
[コーモラン] 80年代後半〜90年代

天才度 ★★★
B級度 ★★★★★
『どなたか使いこなしてみませんか？』度
★★★★

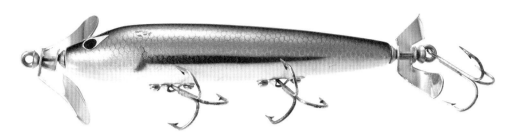

ひねくれペラの
ツバ吐き野郎
SPIT-N-
SHINER
スピッティンシャイナー
Hiback Shiner
[ハイバックシャイナー]
80年代半ば〜90年代

特徴的困り涙目のおかげで否が応にも購買意欲をかきたてるこのお方、スピッティンシャイナー。アウトドア総合小売店として不動の地位を築くバスプロショップスの専売ブランドとして、ハンドメイド・ウッド製を高らかに謳っていたんだけど、ナゼか表記がまちまちでひょっとしたら正式名称ではないのかも。ハイバック自体はブランド名にもなっている、これまた特徴的な背の出っ張ったミノーのほうが通りはいいかも。

さてこのダブルスイッシャー、ご覧のとおりアルミ製のプロペラはコの字型をシャフトに2度通す。単純に抵抗が倍、さらに柔らかいアルミ製のおかげでハッキリ言って回りはよくない。ミスキャストどころか、タックルボックスにギュッと詰めたら歪むほど柔らかいんですね。ああ、それなのにそれなのに、この材質・形状にこだわる理由は如何に？ エッジで刻むのではなく、面で跳ね上げる音は確かにひと味違う。でもこんなに回りづらくていいのか？ それはまずタダ引きをあまり考えていないのでは？ 回すだけなら平らなプロペラのほうがいいはずだからね。あと、こう言ってはなんだけど実はそ

れほど回らなくてもいいとさえ思っているのかも。ジャーク時にピチャッと鳴りさえすれば。ああそうか、だからスピッティンなんだな、きっと。

今回のコイツはダブルだけど、実はボク、シングルスイッシャーに限って言えばそんなに綺麗に回らなくていいヤツもいると思ってる。なんとなく動いて飛沫が出さえすればいいようなヤツ。よく回るようにしたくなるのが人の常。でも、もしかするとよく回らない良さというのもあるかもしれないじゃない？

ちなみにこの1/2ozとほぼ同寸なのにグッとスリムな3/8ozもあるんだけど、シェイプも違えばカオもヒュッとえぐれて先細り。こっちはおそらくタダ引きを意識したタイプなんじゃないかなと。…ハッ！ でも同タイプのプロペラを備えてるってことは、一体何意識？ (困)

天才度 ★★
B級度 ★★★★
『硬いプロペラで再評価してみたい』度 ★★

こちらスネイク、潜行はしない

WOBBLY SNAKE
ウォブリースネイク

Adonis
[アドニス]
90年代後半〜
2000年代半ば

　スネイクといえば、ダンボールかぶって潜入するメタルギアソリッドの名キャラクターを思い浮かべる方がいるかもしれない。でもボク的にはゲームの元ネタ、映画『ニューヨーク1997』のスネイク・プリスケン一択なワケです。ジョン・カーペンター作品には絶対欠かせないカート・ラッセル扮するスネイク・プリスケンが、無法地帯の監獄と化すニューヨーク・マンハッタン島に墜落したエアフォースワン、つまり大統領を救いに潜入する、という近未来SFアクションムービー。えっ、1997なのになんでSFなのかって？　それはこの映画が公開されたのは1981年だから。当時的に未来のお話だったんですね。CGを使わない（使えない）せいか全てがそこに実在する迫力も手伝って、今観ても十分面白い。1996年、『エスケイプ・フロム・LA』という、今度は大地震で孤立し、やはり無法化したロサンゼルスに大統領の娘を助けに行くという、全く同じ展開の作品を全く同じタッグで撮ってしまう。そして惚れた弱みからか、そんな続編でも

全てを好意的に受け入れてしまう自分（笑）。

　そんなことはさておき、水面アヴァンギャルド、アドニスの攻めに攻めるプラグ、ウォブリースネイク。その名と、見た感じと比較的一致するその動き。水面を左右に大きくうねるウォブリングは使い手をも魅了する艶かしいアクション。ピンスポットではよく首を振り、水を受けて泳ぐためのクチはそのままポップ音発生装置でもある。それでいて抽象的でシンプルで流麗なカタチはまさにアドニススタンダード。機能と独自性を高いレベルで昇華している。これはね、本当にすごいことですよ。ウォブリースネイクに関して言えば長さと太さの比率すら美しく思えるほど。ボクはそういうところに参っちゃう。

　そうそう、どこかとコラボでホイル貼りのモデルもあるんですって。一度見てみたいなあ。

天才度 ★★★★★
B級度 ★★★★★
『スネイクと呼べ』度 ★★★★★

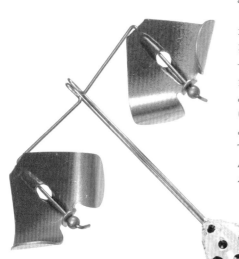

よく見るとアームが２本出ている。実はアーム自身もタンデムなんですね。メインアームを１本伸ばして左右に振り出す体裁はロウ付けが必要となり、製造工程でもちょっと手間がかかる。それならヘッドから２本出しちゃったほうが全然ラクだったんだろうなあ。結局アイを２本まとめてラインを結ぶから構わないのかもしれないんだけど、初めはその２本がまとまってないことにビックリ。だから先が軽く左右に開くワケですよ。こんなんでいいのか不安だったボクも、バスをかけるたびに「こんなんでいい」と思えるようになった。人間、慣れだね（笑）。

　２つにすれば光も水の攪拌力も増え音も騒がしく、誘う力は倍になるのではないか。…と、誰もが考えるんですが、そんな思いを実際に具現化したのは陰の実力者、技のビッグバーゲン、左派的アイディアのショッピングモール、そして"今日びの釣りはリョービ"。

　ラバースカート全盛のなか、ファーをまとった姿もすこぶる魅力的なタンデムBB。プロペラが赤いのはボクが塗ったのではなくこれがオリジナルで、攪拌時のカラー効果を考えるなど細かい技が光る。その一方でバズベイトのフォーマットにのっとって浮き上がり重視の扁平ヘッドにするなど、押さえるところはキッチリと。ただ、ツインバズとはいえ小さなプロペラは浮き上がりトルクが細く、さらに抵抗の小さいファーだから想像より浮上速度が遅めかもしれない。しかしそれを割り引いても左右それぞれ外側に水をはねる様はなかなかのもの。

　さて、ボク的注目ポイントは他にもあって、

ここがタンデム、あそこもタンデム

Tandem BB
タンデムBB

Ryobi
[リョービ] 80年代～90年代初め

天才度 ★★★
B級度 ★★★★★
『そのままフックまで左右に裂けたらどうしようかと思った』度 ★

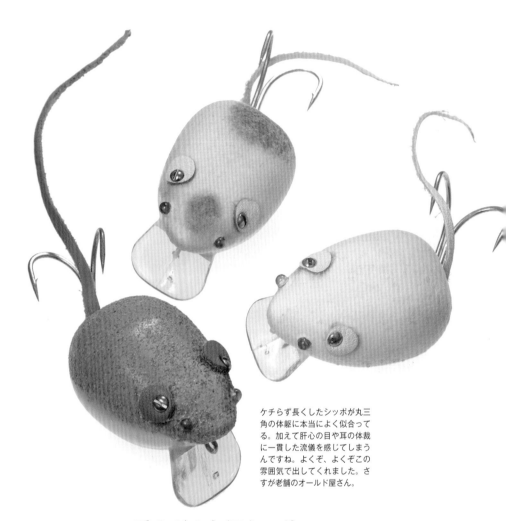

ケチらず長くしたシッポが丸三角の体躯に本当によく似合ってる。加えて肝心の目や耳の体裁に一貫した流儀を感じてしまうんですね。よくぞ、よくぞこの雰囲気で出してくれました。さすが老舗のオールド屋さん。

愛さざるを得ない姿＋
ギミックという名の反則

FLASH MOUTH
フラッシュマウス

Glass Eye ［グラスアイ］2020年現在

アーモンドを太らせたような可愛らしい入魂の電気ネズミ、フラッシュマウス。立てたリップやダブルフックから容易に察することが出来る、ひとくちサイズの立派なトップウォータープラグ。水面上でカラダを揺する様子とネズミというモチーフは相性抜群、そしてオールドに強いこだわりを持つ老舗グラスアイだけあって、プラスティック製にもかかわらずレザー製の耳を豪華にあしらう。同じくレザーの長いシッポはニョロニョロと泳ぎに呼応し、こちらは機能性をも備える重要なパーツのひとつ。さらにらしさ盛り上げる処理として背中に"おがくず"や"フワフワの毛"をまぶして固めてある。昔のヘ

るのは、内臓された"フラッセル"なる電池いらずの装置のおかげ。つまりそれそのものに衝撃を与えることで発光するワケです。これは大きなポイント。電力使用のギミック系は電池切れと共に放置がデフォルトですからね（苦笑）。

但しこのフラッシュマウス。売りの発光の視認性は少々弱い。状況にもよるんだけど、例えば月明かりの夜では、キャストして5〜6mくらい手前まで近寄ってこないと発光が確認出来ないことも。おそらくこれが無電池発光装置フラッセルの限界なのかもしれない。でも、壊れない限り永遠に輝き続けるスーパーギミックと、前述のとおりオールドテイストを大事にした小

ドンのファー仕上げとはひと味違う表現方法だけど、これも個性を際立たせ、かつ実用的で秀逸なチョイス。ファーといえば昔のヘドンはきちんと毛をのせていたにもかかわらず、近年はいわゆる"ファーまがいのマット塗装"。これが経年劣化でベタベタに溶けちゃうんですね。その点、フラッシュマウスのような表現ならばなんの心配もなく使い続けられるじゃない。

で、電気ネズミ君に話を戻すと、その名のとおり最大の特徴は光るということ。小さな両目がカラダを揺するたびにチカチカと赤く発光す

さな目が発光するんだから、ボクはもうそれだけでいい。だって視認性を優先するならば他にもた〜っくさん方法はあるじゃない。ここまでこだわった体裁にする必要は微塵もないもの。昔、昔の発光ギミックプラグ、という感じが今現在も生きている。それで十分だし、なによりそこがいいんだから。

天才度 ★★★★★
B級度 ★★★
『機能を古典で素敵に、可愛く』度 ★★★★★

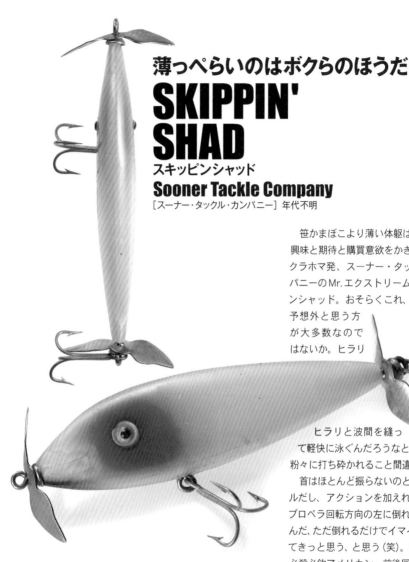

薄っぺらいのはボクらのほうだ
SKIPPIN' SHAD
スキッピンシャッド
Sooner Tackle Company
［スーナー・タックル・カンパニー］年代不明

笹かまぼこより薄い体躯は見るからに興味と期待と購買意欲をかきたてる。オクラホマ発、スーナー・タックル・カンパニーのMr.エクストリーム、スキッピンシャッド。おそらくこれ、使ってみて予想外と思う方が大多数なのではないか。ヒラリ

ヒラリと波間を縫って軽快に泳ぐんだろうなという妄想は、粉々に打ち砕かれること間違いなし。

首はほとんど振らないのと等しいレベルだし、アクションを加えればボディはプロペラ回転方向の左に倒れるだけ。なんだ、ただ倒れるだけでイマイチだな、ってきっと思う、と思う（笑）。但しそこは必殺必釣アメリカン。前後同一方向プロペラの成せるワザなのではないかと。

これね、おそらく超極端なシルエット変化を目指したんじゃなかろうか。浮いている時の極薄シルエットから倒れることで幅広シルエットへの、つまりジャークのたびに太ったり痩せたりするのが狙

いなのかもしれない。まさに一喜一憂水面ダイエット、仕用前・仕用後みたいな。加えて同一方向プロペラのキモ、側面のカラーが下方へ向くことによる明滅効果も期待が持てるかと。

但し、几帳面な日本人はきっと大嫌いな部類。我が国のダブルスイッシャーの大半は前後逆ひねりでボディの倒れを抑える方向だし、左右対称への執着、センターが揃わないことへの嫌悪感は超一流。皆さんもきっと

アメリカ本国のダブルスイッシャーの後ろペラをわざわざ逆ひねりにしたこと、あるでしょ？ もちろんそれが悪いとは言わないけど、ひょっとしたら吊るしでいろいろな理由や狙いがあるんじゃないかな、ってことです。

ちなみにコイツ、こんなに薄っぺたいボディの中にカラカララトルを内包。倒れるたびに鳴り響くワケですよ。どうです？ なかなか頑張っているではないですか。ただ、いろいろ試してはみたけれど名前のようにスキップする感じじゃなかったな。まだまだコイツの本気を知らないんだろうなあ。

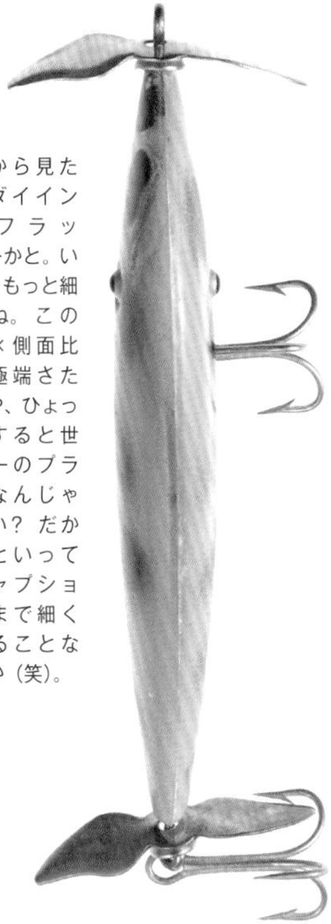

上から見たらダイニングフラッターかと。いや、もっと細いね。この幅×側面比の極端さたるや、ひょっとすると世界一のブラグなんじゃない？ だからといってキャブションまで細くすることないか（笑）。

天才度 ★★★★
B級度 ★★★★★
『時には嫌いなものにも目を向けてみよう』度
★★★★

151

一見して、名前からしておおよそどのような ギミックなのか想像つくであろうこのお方、サデューストロボスのエレクトリックフラッシングルアー。おそらくこれ、シリーズ名なはずだけど、残念ながらパッケージにモデル名は認められず。他にクランクベイトやバイブレーションもラインナップされているだけに、必ずや名前があるはず…。

　さて、ご多分に漏れずギミック仕込み系の大味なボディラインは致し方ないところか。まずは当然、発光回路を収めなきゃならない。つまりは発光させることを第一に考えているからこうなるのも無理はない。

　パッケージング時はわざわざ腹とお尻のラインアイが針金で通電されていて、振ればボディ内の赤いランプがチカチカ光る。使用時に外せば水で通電するワケですね。ただね、これがまず命取り。なぜなら使用前から通電しているってことは、ボクらの手に渡る頃にはほとんど電池切れとなってその実力を発揮出来ぬまま評価に至る前に終わる。そりゃあ長い年月のせいもあるし、なかには光る個体も残っていないこともない。ただ、手に取らせるために光るところを見せたいのもわかるけど、つなげっぱなしで切れちゃったらしょうがないじゃない。だって完全封入式ボディは電池交換を許さないんだから。

　つまり電池切れの時点で高らかに唄う自慢のギミックもここまで。コストも手間もかけてわざわざパテントまで取っているのに一体ナゼ!? 何から何まで著しく刹那的でボクは本当に口惜しい。ああ、ボルテックスの一部のモデルやナショナルのミノーのように電池交換出来る体裁だったなら…。

　ちなみにSTROBOは商標登録されているので、他社が使う時は逃げの意味でSTROBEにしているのだとか。もう、だからそこまでしているのにナゼなのよ!? (笑)

愛しさと切なさと心許なさと
ELECTRIC FLASHING LURE

エレクトリック フラッシングルアー
Sadu Strobes
[サデューストロボス]
90年代 ～ 2000年代

エレクトリカルなパッケージは、機能と時代を表現した猥雑感あふれる仕様。ただならぬ雰囲気は伝わってくるよね(笑)。

天才度 ★★
B級度 ★★★★★
『割って電池を入れ替える勇気のなさと』度
★★★★★

わかっている人だとこうなる
RACKETEER
ラケッティア
Miles Lure Company
[マイルズルアー・カンパニー]
年代不明

この体躯でこのバズペラを持ち、さらにこの浮き角を実現させたのは驚くべきことだとボクは思うよ。

原寸大

ボクらの思うところをうまく具現化してくれたルアーのひとつ、ラケッティア。そう、誰もが一度はバズベイトが浮いたらいいな、なんて思ったことがあるでしょ？ あそこで一瞬止めたいな、とか、もう少しゆっくり引きたいな、とかね。

というワケで古今東西、いわゆる"浮くバズベイト"的なルアーはやっぱりいろいろと登場した。ワイヤーベイトの体裁でバズペラ自身が浮力体になっているマンズ・アジテイターや、レイアウト的に今回のものに近いラ・ブレード・スプッターエース。ざっくりすぎるかもしれないけど、ボク的にはフィッシュケーキも仲間に入れたいくらい（笑）。

そのなかでもこのラケッティア、それはそれはよく考えてある。例えばフレッドアーボガスト・スパターバズはヘッドにバズペラがぶら下がっているから、引き始めにラインを張ってあげるなど何かとコツの必要なヤツ。アタマがポッパー、オシリがバズペラというお馴染みマンズ・トゥーファーは、ペラの重量の分アタマ（オシ

リ？ ややこしいね。笑）が沈み気味。やっぱり引き始めにアタマを上げるロッドワークを強いられる。シマノ・ディスコフローラいたっては、ヘッドヘビーを解消するためかバズペラシャフトを激細ワイヤーに。ん～、強度的な不安は触るだけでわかる…。ならば並みいる強豪を差し置いて、ラケッティアの一体どこがすごいのか。

バズペラの重量に負けてアタマが下がるところを、オシリの、しかもわざわざ出っぱらせて低重心を最優先した特徴的なウェイトルーム。これのおかげで重量物をフロントに備えるにもかかわらず見事尻下がりの姿勢を実現。すなわちリトリーブ時は潜ることなく素直にペラが周り始める。伴う弱めの浮力は実に絶妙で、バズペラとボディと比重バランスはもはや奇跡の三角関係。なんて言ってしまうとわずか数行で終わっちゃうんだけど、違和感なく狙ったところに落とすには相応の試行錯誤があったのではないかと。これには本当にアタマの下がる思い。…あ、アタマ下がらないのがキモなんだっけ（笑）。

天才度 ★★★★★
B級度 ★★★★
『名前の意味→不法者・ギャング・密輸入・ゆすり屋・ぺてん師』度 ★★★

153

「まるでネコに食われてアタマだけ残ったルアー」実はウバンジというルアーの初見で残した友人の言葉なんですが、ひと目見てこれにも当てはまるなあと、すぐネコのセリフが浮かんできた。ウィグルテイル、アタマだけルアー。

　ラッキーデイベイトはいろいろなサイズのいろんなパーツをうまいこと組み合わせて様々なバリエーションを生み出すことに長けたメーカーで、ボディ前方と後方にカップを持つ先のダブルポップや、フロントスイッシャーにやはり後方カップを持つフラッシンポップ、ライブリーボディにやはりやはり後方カップを持つゴーゲッター、などなど。…あれっ、後方カップばっかりか（笑）。

もしれない。でもなかなかの流用＆裏ワザ具合は、ともすりゃ余剰パーツで出来るものを、ということだったのかもしれない。アタマをカットしたネジで補強が入ってるあたり、一応強度を気にしてはいるものの場当たり的な処理は否めないワケで。

　が、しかし。だからこそ面白い。思惑の見え隠れって魅力的だもの。どんな方向でも面白成分さえあればボクは欲しくなっちゃうからね。

　ちなみにこの個体、夏場は浮き、寒いと沈むギリギリな浮カバランス。もちろんスナップサイズの影響も大きく受ける。でもあれかな、これくらいになると個体差かな。そんなところまで見え隠れしなくてもいいのに（笑）。

　そんななか、異彩を放つのがまさに残りっ屁的なコイツでして、アタマはライブリーやスイッシャーの先っぽと同パーツ。さらに察するに、これを逆さに使って前述の後方カップに流用しているかと。頭部で使用する場合は熱プレスで目回りの表情を追加し、利用しているんですね。そして一連の共用バリエーションのうちおそらく唯一の体裁となる短いボディ後部。これ、おそらくカップパーツを表裏（！）にしてボディを塞いでる。

　そんなところからこれ、ボクは確固たる何かがあって生まれてきたとは思えない。いや、わからんですよ？　もしかしたら小さくてフリフリするヤツを目指したのか

残りものにはラッキーがある
WIGGLE TAIL
ウィグルテイル

Lucky Day Bait Co.
［ラッキーデイベイト・カンパニー］
50年代 ～ 80年代

天才度 ★★　　B級度 ★★★★★
『壊れたジョイントルアーのアタマ、とっておこう』度 ★★

眼力の違いはどうでる?
CRIPPLED SHAD
クリップルドシャッド
Renosky Lures
[レノスキー・ルアーズ]
90年代

　木の葉のようなボディシェイプに全面ヘキサゴン・ディティールをまとったサイドシャッド体裁。全長80mmでこのカタチ、ボディの厚みも手伝って数値以上のボリューム感を持つこのお方はレノスキー・ルアーズ、クリップルドシャッド。そしてギド・レネゲイド・ハニカムシリーズというエリート特殊部隊の一員。ハニカムということはこの表面処理が売りのシリーズなんだね。あらゆる方向に乱反射し、あらゆる方向にアピールする狙いはなるほど利にかなってる。

　ギドというとそう、バスマスタークラシックをはじめ数々のトーナメントを制し、アングラーズ・オブ・ザ・イヤーを二度獲得。G2やギドバグのあのギド・ヒブドンが、どうもウォルマートをけしかけて作らせたシリーズというウワサも。ただ、レノスキーとの関係が深いギドさんだから、シリーズありきで単にレノスキーがウォルマートに売り込んだだけとも思えるなあ。しかしハード

ルアーは大方の予想のはるか斜め上を行くギドさん。したがってゆるぎない安定感をもって、盤石の、いつものトンデモ系(笑)。

　但し動きはなかなかのもので、ロッドアクションで左右にヒラヒラと首を振り、形状から予想できるように難なくダイブ。ひょっとしたらリトリーブで泳いでくるかな? なんて期待したんですが、さすがにまっすぐ戻ってきちゃった。でもダイブさせて水中でヒラヒラ首振りというワザもこなす芸達者ぶり。目はいろいろ体裁が違うようで、大きな猫目グラスアイ、軟質3Dアイ、そしてシール目タイプがあるらしい。ダイブするプラグだから、これだけ大きなグラスアイとシール目だと動きが変わるかも。いつかシール目タイプを手に入れて投げ比べてみたいなあ。

天才度 ★★★
B級度 ★★★★★
『ギドさんプラグのB級確率』度 ★★★★★

グルグルグルグルドカーン!
MUD SKIPPER
マッドスキッパー

Herter's Inc. [ハーターズ・インク] 70年代

テイルローロータータイプ（と
呼ぶかは知らないけど）
は、これの何倍も大きな
マスキープラグによく見
るけど、マッドスキッパー
の造形は1, 2を争う出来の
よさなんじゃなかろうか。

創業は1893年という老舗中の老舗。総合アウトドアブランドとしてフィッシングはもちろんハンティングその他、多岐に渡るアウトドアアイテムを提供してきたハーターズ。そんな大御所ブランドも70年代後半にはフィッシングタックルから撤退を決める。思えばOEMも多く興味深いものがたくさんラインナップされていたワケだけど、なかでも今なお気になるビームを発しつづけるこのお方、マッドスキッパー。

頭部に慎ましやかな切り欠きをたたえ、スポットでの小さなポップサウンドを意識しつつメインの仕掛けは見てのとおり。リトリーブ時にパッパッパッパと控えめなサウンドを伴いテイルが回る。が、しかし。シャフトの強度と回転するための金属パーツを備えるこのお尻、やっぱりテイルヘビーなんですね。コイツは特にその傾向が顕著で、わずかにクチを水面上に見せるほどの垂直浮き。ここでガッカリしちゃう諸兄もいるかもしれないけど、ボク的にはタダ引きで真価を発揮するタイプなら垂直浮きでも構わない。

リトリーブ時には水平になるんだし、むしろこの手ならばどれだけ水になじみ、どれだけ水を押して進むかが勝負所なので、ボクはこのバランスで大正解なんだと思う。適材適所のケースバイケース、なんでもポッコリ浮かさなくてもいい。もっとも前述のとおり、構造上たまたまだった可能性が大きいよね（笑）。

ちなみにちょっとシビレるポイントひとつ。これ、ボディを組んだあとにペイントしてるんですね。例えばオレンジのヤツは前部と後部のスポットがピタリと合う。ああ、なるほど！　と合わせて喜ぶ釣行前の用意の愉しさよ。あ、ちょっとシビレるポイントふたつめ。それはサラマンダーを意識した可愛らしいエラのモールド。これがあるからいっそう表情豊かに映るんだね。

天才度 ★★★★
B級度 ★★★★★
『投げたくなっちゃうなぁ～あ、
グルグルグルグルドカーン！』度 ★★★★

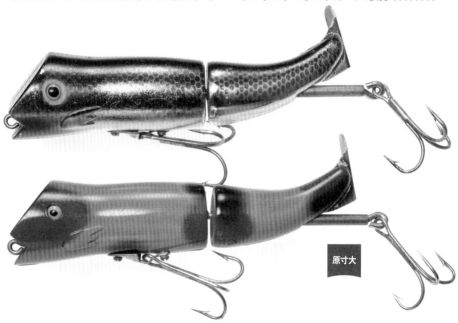

原寸大

157

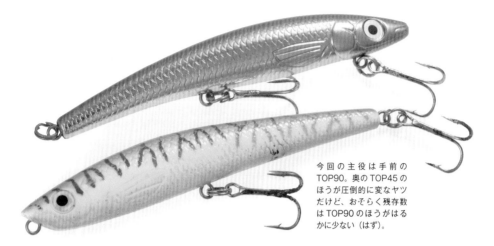

今回の主役は手前のTOP90。奥のTOP45のほうが圧倒的に変なヤツだけど、おそらく残存数はTOP90のほうがはるかに少ない（はず）。

名ばかりの双生児
TOP90
トップ90

Yo-Zuri ［ヨーヅリ］ 90年代

　前にB列弐で触れたヨーヅリ・TOP45という、尻下がりなのに、その尻の先にラインアイのあるヘンテコプラグを覚えていらっしゃるでしょうか？ "Twin Topwater Bros"というコンビ名でTOP45とペアで売り出されたのが今回のこれ。相方が大ボケならば、しっかり者担当はこのオレ、TOP90（笑）。

　その名のとおり90とは自身の浮き角を表す。鼻っつらをちょっとばかり突き出すように、ほぼ垂直に浮くペンシルベイト。落ち着いて動かせば規則正しく左右に動くも、この手のペンシルはお察しのとおり、パニック＆イレギュラーアクションが得意。ラインアイ付近に平らな面を設けたため、時おり発する軽いポップ音。さらに慣れれば水面直下をも引いてこれるという

なかなかの芸達者ぶり。

　確か売り文句も双子だとか双生児などと謳っていた記憶が。…となると、同じブランクでフックアイやウエイトの位置変更なのかなあ、と思いきや、実はカオつきもシェイプも全く別のブランクという、密かにこだわりの逸品でありました。しかし、45のアクションならこの90のボディでも十分再現できそうな気がするんだけど、そこがシロウトの浅はかなところなのか。いずれにしろ天下のヨーヅリのすること、別ボディでなければいけない"何か"があるんでしょう。

　仮に流用ならば、同じブランクでこうも違う性格に仕立て上げた手腕を誉めただろうし、わざわざ違うものを用意すればそれはそれで「すごいすごい！」と言いたいワケで。使い手とはずいぶん勝手ものだなあ、なんて思ったりして。あ、勝手なのは使い手というよりこのボクか（笑）。

天才度 ★★　B級度 ★★★
『アクション的に"ツッコミ"が得意なのはむしろ45のほう』度
★★★★★

水平に近いメタルリップ、バルキーで特徴的な、ほのかなエッジを持つボディに、ボールベアリング・スイベルを奢った小さな小さなウィローリーフをテイルに閃かせるこのお方、タックル・インダストリーズのラトリンシャグ。

このフォーマットは70年代・80年代の常套手段とも言える体裁で、各メーカーがこぞってラインナップに加えた、いわば必釣必須のキラーアイテムだったと思われます。アタマを下げた急潜行＋テイルブレード系の仲間たちはボーマー・ウォータードッグ、ホッパーストッパー・ヘルベンダー、ラブルルーザー・ディーダッパーなどなど。その他フォロワーも加えると、リバーラントほどではないにしろゾロゾロと列を成して順番を待つマイナーリーガーの多いこと多いこと。

但し、それらのほとんどがイモリやサンショウウオのイミテイトなのに対し、このラトリンシャグ君は一線を画するライン取り。特に感心するのはヘッド周りとリップの統一感、気持ち良さ。凝ったラインは皆無でも個性を感じるいい例なんじゃないかと。

同一フォーマットの中の個性
RATTLIN SHAG
ラトリンシャグ
Tackle Industries
[タックル・インダストリーズ] 80年代

それもそのはず、…と言っていいのかわからないんだけど、実は全米キャスティングチャンピオン、シャグ・シャヒードのデザインによるもの。シャグはそこからきていたんですね。そうかあ、そう言われてみればリップラインや四角いカオつきがソックリだもんなあ（笑）。

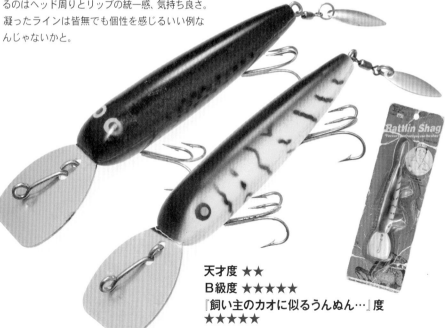

天才度 ★★
B級度 ★★★★★
『飼い主のカオに似るうんぬん…』度
★★★★★

パッケージには"JAPANESE EXCLUSIVE"の文字と、その下にはカラー名が連なる。おそらく代理店の依頼で日本限定のカラーを用意したんじゃないかなあ。インディアナの古参メーカー、ルーンカントリー・ルアーズのスーサイドミノー。一種独特のエラやラメによる表現、色彩感覚はルーンカントリー・ルアーズならでは。名前はわからずともすぐにここんちだとわかる。自己主張はボクらを楽しませてくれる大きな要因のひとつ。

そして名前のスーサイド＝自殺。なにやら穏やかではないネーミングだけど、よく考えてみたらボクら、陸から投げるじゃないですか。となるとリトリーブ時は自分に向かってルアーが走るワケで、サカナからすれば陸を目指して自殺でもするかのような小魚、といった感じなのかもしれない。ということはヒステリックにイレギュラーにジャッ！ ジャカジャッ！ と引いて、陸を目指す小魚を模してやる。その名のとおり鬼気迫る演出をしてあげるのがこのルアーの本分なのではないかと。

ところでこの両者、同じサイズ・同じタイプなのによく見たらプロペラが違う。これ、細かな仕様なのかあり合わせの成りゆきなのかサッパリわからんのですが、やっぱり性格は変わる。水平浮きの丸ペラは上記のパニックアクションやデッドスローのタダ引き。やや尻下がりの大きいペラは首振り等のスローな釣り。もちろん大きな引き波を立てるのもアリなんですが…。

と、ここまで言って気がついた。大ペラのリアのみ、このサイズのプラグには不相応な大きいスプリットリングが。これ、もしかするとウェイト調整を意識したものかもしれないなあ。NIPで新品購入しているのでユーザーチューンはありえない。となるとやっぱり細かな仕様なのか。すごい！ すごいぞルーンカントリー・ルアーズ！ またさらにボク的な好感度が上がったよ。

物騒なネーミングのワケ

SUICIDE MINNOW

スーサイドミノー

Loon Country Lures

［ルーンカントリー・ルアーズ］
90年代

天才度 ★★　B級度 ★★★★★
『ルーンカントリーの仕掛人は
土浦ランカーズさん？』度 ★★★★

アイツのあそこと
コイツのあそこ

MARUTO 原寸大
マルト（名称不明）
Maruto ［マルト］年代不明

　圧倒的な信頼と実績を誇るスィンフィン・シルバーシャッドのボディとリップ。そこへ当時のファイナルウェポン、ヘドン・ソニックの背ビレをプラス。さらに釣れる印の特徴的なスラッシュパターンはレーベルのものを奢る。すると当然、まるでキメラな超級ルアーの出来上がり…、なワケないか（笑）。

　パッケージには老舗マルトの文字だけ。現物にはメイド・イン・ホンコン。おそらく深く考えずに取り扱っただけなんだろうなあ。当時のコーモランよりまだ安い、本当に子供のみをターゲットとしたシリーズ（?）だったように思う。

　さて、この名なし君。ノンラトルだしウェイトもシルバーシャッド譲りでそれはそれは飛ばしづらい。カラカラにひからびたような軽さなんだけど、これが効を奏したのか本家ばりのヒラ

ヒラ感。水面より10〜20cmくらい下を短めのピッチで泳いでくれる。しかも結構ナチュラル系なのには驚いた。まずちゃんと泳がないだろうと思ってたし、ひょっとしたら斜めに浮くんじゃないかと心配してたのに。

　でもね、ボクにとってこれは嬉しい誤算で、やっぱりこの美味しいとこどりの外観が全て。当時の釣れ釣れルアーを混ぜてしまえ的な体裁は、気持ちがわかるせいか許せてしまう。本気で騙そうと思ってないぶん微笑ましいじゃない。いや、やってることはしょうがないかもしれないけど、許せる許せないの線引きは確実に存在するんですね。だってこれ、背ビレがなかったらダメだったかもしれない、ボク的に。それに最近のコピーは笑えないものが多くてね。少しばかりの後ろめたさも、遊び心も感じられないコピーする側の問題なのか、それともオリジナルそのものの魅力が乏しくなっただけなのか？

天才度 ★★
B級度 ★★★★★
『一周して素敵な安直キメラ』度 ★★★★

原寸大

　下関を拠点とし、その特徴的なパテントを施すルアーを送り出していたメーカー、シーリング・カンパニー。ボクが知っているのはわずか３種。ひとつはジョイントミノータイプ、No.1。メタルレッグプレートのついたNo.S1というバグタイプ。そして今回登場のNo.J2。"J"っていうのはきっとジョイントのことだね。"S"はひょっとするとシャローかな？

　３穴のメリケンサックアイは全てについていて、シーリング・カンパニーのメインの売り。高らかにパテントを謳うこの装置は確かに目を惹きそそられる。そしてもうひとつのパテントはリヴァースカットと呼ばれるＶ字のボディカットとダブルのジョイント部分。何かこう、自信というかポリシーが明確に感じられて好感だらけなんですね。惜しまれるのはメリケンサックアイの穴が小さいので使用スナップを選ぶこと。あまりラインアイを大きくすると動きに支障が出たりとか、何か不都合があったのかもしれないね。

　ちなみにこのガルラインNo.J2はシンキング。ひょっとするとフローティングもあったのかもしれないし、やっぱりなかったのかもしれない。リップの立ち具合からフローティングも使ってみたい気アリアリ。

　ところでシーリング・カンパニー。一体どんなメーカーでどんな人が考え創り出していたのかえらく興味があるんだけど、現物とパッケージ以外情報ナシ。体裁からしてそれほど高価な部類ではなかったと思うけど、"高価＝欲しい"という図式はボクの場合、見事に成立しない（笑）。そんなことはさておき、もし許されるのならこんなルアーを生み出す人と一晩中、話してみたい。特にNo.S1に関しては聞きたいことが山ほどあるんだよなあ。

もしも許されるのならば
GAL LINE No.J2

ガルラインNo.J2

Sea Ring Co.

［シーリング・カンパニー］
年代不明

天才度 ★★★
B級度 ★★★★★
『他にどんなモデルがあったのかワクワクしちゃうね』度
★★★★★

捨ておけないヤツ、ピナクルPC10

Pinnacle PC10

　昔、プロレスラーでブッチャーという選手がいた。まんまるに太ったカラダと愛嬌のあるキャラクターで、ヒールにもかかわらず大人気。先が弧を描くように鋭く尖ったブーツで見境なく蹴り上げていたっけ。

　そんなブッチャーのブーツを彷彿とさせるピナクルPC10。多分2000年代のリールだと記憶しているけど、もしかするとモデルナンバーも怪しいかも（笑）。特異なボディラインのおかげで、パーミング時にむき出しになったレベルワインダーとボディの間に指を挟む事例が多発したのか、後に金属バンパーを追加したモデルが登場。で、その後、バンパーに代わりフード一体型でレベルワインダーをカバー、カラフルなカラー展開でイメージチェンジを図る。

　ボクが知っているブッチャー・ピナクルのざっくりな歴史はここまで。SVSっぽいブレーキとナットを廃した

ハンドル基部等、この時代のトレンドは押さえているし飛びも申し分ない。そこそこの重量感なれど、全身金属の丸型ピナクルに比べればだいぶマシ。

　ちょっと特別なのはサイドのB.A.S.Sマーク。想像するにおそらくアニバーサリー的なモデルだったんじゃないかなあ。他の2台には入ってないもの（持ってるのか。笑）。魔が差して買ってしまったのは事実。まあまあカッコいいと思えるようになったのも事実。B.A.S.Sマーク入りを見つけた途端、なんとしてでも手に入れたいと思ったのも事実。使うなら丸いアブだし、もちろんバンタムやキャスプロあたりの国産オールドも好き。ハンドルナットのないリールなんてカッコ悪い…、と思っていたけどピナクルだけは目をつぶって受け入れてしまったんですね。今も例外的に好き。いや、まだウチにあるってことは、多分好き（笑）。

ダイワのチャレンジ精神がここに復活。80年代当時のチャレンジングなあの気持ちをもう一度、という開発陣は、さらなる遊び心を持ってトップアーティストと銘打たれた遊び心シリーズを送り出す。マウスウォッシャー、マッドシケーダ、ドラウンシケーダ、そして思惑満載ガエル、ポップンフロッグ。

切り立ったテイルとブレードの関係からいわゆるバドタイプだということがなんとなく感じられると思うんですけど、ええ、そのとおりです。もちろん、その名のとおり可愛いクチでポップ音を奏でることも出来るし、単なるバドタイプじゃ終わらないのが名門ダイワの開発陣。

まず目につくのはメタルレッグ。コロラドブレードをサクッと持ってくればすむものをわざわざ型を起こしてオリジナルを用意するあたり、すでにある種のヤル気が感じられます。センターホールはボクが想像するに、きっとカタチ優先だったんだ思う。結果、愛らしさが増幅される重要なファクターとなるワケ。そしてブレード取り付け部。いわゆるヒートンなんですが、最後まで閉じることをやめ、ユーザーの好みで様々なタイプのブレードを試せる仕様を選ぶんですね。現行バドのようにスプリットリングにすればブレード交換も簡単だけど、ヒートン直結の旧型バドの規則正しい音を出すことは不可能。これは現行バドをわざわざヒートンに直して使うユーザーが多いことを知っている作り。そしてぶつけた時に

原点にかえる
POP'N FROG
ポップンフロッグ
Daiwa
[ダイワ] 2000年代

この中抜きレッグブレードだけでもすごいことなのに（プロレスの必殺技みたい。笑）、デザインの破綻ナシにバンパーを設ける手腕といい、ダイワの本気を感じるいいシリーズだったよね。

ヒートンが曲がるのを防ぐため背中の一部を伸ばしたバンパーなど、まさにいたれりつくせり。さらにこだわりと遊び心が炸裂するのはカラーによってラトル音を変える大サービス。製造過程において手間やミスを誘発する可能性も増えるんだけど、きっと開発者の裁量を大きくとらせてくれたんでしょうね。これ、大きな会社だと相当難しいことだと思う。しかし面白いなあ。ダイワのルアーは本当に面白いや。

天才度 ★★★
B級度 ★★★★
『環境は良品の泉なり』度
★★★★★

この価格、撮影した時は気づかなかった。ポップンフロッグの名誉のために言っておくけど、これは千年に一度のイレギュラーな価格だから。断じてこのプラグの実力ではないからね。

165

アンブッシュ・ルアーズという、ちょっとほうっておけないヘンテコリンなメーカーがありまして、その中でも輪をかけてほうっておけないのがハイテク潜行ウェポン、ラトリンダイバー。

彫刻刀で削ったかのような、全身エッジ立ちまくりのこのお方。このセンスはある意味突出している、というかなかなかマネの出来ない造型美。一体何がそうさせたのか。ボクがこれを見てまっ先に思い浮かべたのは軍用ステルス機（いや、真面目に）。

さて、そのステルス機。最大の特徴はレーダーで探知されにくい、ということ。すごく簡単に言ってしまうと、レーダーとはレーダー波を発して目標に到達させ、そこで反射され戻ってくるレーダー波をキャッチし、目標を補足するという仕組み。ステルス機の場合、受けたレーダー波を複雑な多面体であらぬ方向に反射してやることで発信源に帰りにくくし、補足されづらくする、ということなんですね。したがって垂直尾翼の有無や枚数、インテークやノズルの形状など、さまざまな角度から発信源への反射を極力抑える努力をしているからあんなヘンテコなカタチなんです。もっとも近年ではもう少しシンプルに多方向へ反射を拡散

逆ステルス効果
RATTL'N DIVER
ラトリンダイバー
Ambush Lures
［アンブッシュ・ルアーズ］
2010年代

させるステルス機が登場しているので、世代として多面体はひと昔前のものといえるでしょう。

　じゃあ、このラトリンダイバーはどうなのよ？となるんですが、こちらはバスにアピールするためにいろいろ頑張っているワケでして。まずはこの特長的な多面体。ステルスの理屈を逆手にとった、ありとあらゆるさまざまな方向へ自身の存在を伝えるための渾身のカッティングかと。これ、実に理にかなっていると思う。そしてお約束とも言うべきウォータースルーシステム。通称"バイブレーションブースター"というんですと。さらにこの穴ボコ。内部で一段低く部屋が設けられ、ここにフォーミュラを仕込んで放屁のごとくオシリからまき散らすことも可。プラス、メインの穴とは別に腹部や尾部にもナゾの小さな穴多数。フォーミュラルームにしては小さいけど果たして…。でも、どうですこの全身鋭利な飛び道具感。ものすごいヤツって気がしてきたでしょ？

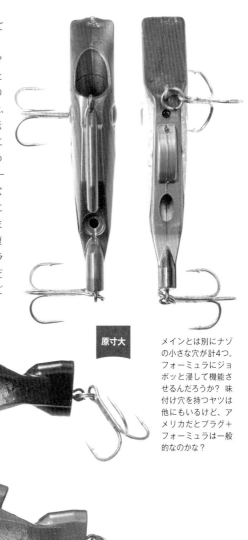

原寸大

メインとは別にナゾの小さな穴が計4つ。フォーミュラにジョボッと浸して機能させるんだろうか？ 味付け穴を持つヤツは他にもいるけど、アメリカだとプラグ＋フォーミュラは一般的なのかな？

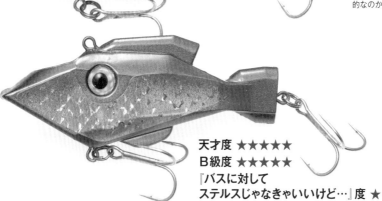

天才度 ★★★★★
B級度 ★★★★★
『バスに対して
ステルスじゃなきゃいいけど…』度 ★

167

　ずいぶんと昔、お腹に"DOUSETT"と
とだけネームを押してあるダブルスイッ
シャーを見つけた。それはこれ以上ないく
らい太っちょで、寸づまり感タップリな愛
嬌のある容姿。我が家のタックルボックス
に仲間入りさせようと決心するまでさほど
時間はかからなかった。トリプルフックの
結合部に押し筋のあることから、おそらく
相応の古いルアーであることは想像できる。
ただ、お腹のネームがメーカー名なのかモ
デル名なのか、どういった生い立ちを持つ
ものなのかあまりに情報が乏しく、それ以
上は何もわからないままだった。

　そして時は過ぎ、なんの気なしに
"DOUSETT"の話題を持ち出した
ボクに、友人から出物の話が舞い
込む。それは別モデルだったものの
台紙つきの未使用品。我が家のタック
ルボックス入りはもちろん、それと同等に
情報を得られることが嬉しかったんですね。

　それがドゥーセットベイト・カンパニー、
タイニーホーク。先のルアーよりひと回り
以上小さい1/4oz。ボディシェイプもウエ
ストから下を絞ったシングルスイッシャー
の別モデルだけど、たたずまいは確かに通
じる。ひとロサイズのドゥーセットもそれ
はそれで愛らしく、ダブルスイッシャー以
上のお気に入りに。

　そして台紙より得た情報は、ポール・
ドゥーセットという人物の作で、ルイジア
ナ州レイクチャールズ出身のルアーである
こと。…以上（笑）。まあ、とてもシンプ
ルな台紙だから仕方ないか。

　でも"DOUSETT"がメーカー名である
ことがわかり、それに伴い先のモデルも
きっと別の名を持っていることがわかった。
それだけでもボクは嬉しい。そう、またい
つの日かのお楽しみとしてとっておこう。

興味の連鎖はバスを呼ぶか
TINY HAWK
タイニーホーク
Dousett Bait Co.
[ドゥーセットベイト・カンパニー]
年代不明

天才度 ★★　　B級度 ★★★★★
『他のドゥーセットはどんなだろうね?』度
★★★★

3つのルールよりも
気をつけねばならないこと
GREMLIN
グレムリン
Jaysea Lures
［ジェイシー・ルアーズ］2000年代

　この名を聞いて多くの人が真っ先に思い浮かべるのは、赤の広場でもなく猫漫画『クレムリン』でもなく、多分あのハリウッド映画『グレムリン』。ご存じ、登場するのは謎の生物モグワイ。知能の高さ、素直で愛らしい様は関わる人々を魅了していくワケなんですが、モグワイを飼うには決して破ることの出来ない３つのルールがあるんですね。１つ、光に当ててはいけない。２つ、水に濡らしてはいけない。３つ、夜中０時以降に食べ物を与えてはいけない。まかり間違えてこれらのルールを破るとそれはもう…。

　さて、これから先はゼヒ作品を観てもらうとして、お題のオーストラリア出身ノイジー、ジェイシー・ルアーズのグレムリン。実はオージー製ノイジーは意外に多い。ひょっとしたらボクらの思うサーフェイスゲームとは少し違うのかもしれないけど、面白そうなものは使ってみたいよね。 ということで今回のノイジー、全長50mmほどの一口サイズで実にちょうどいい大きさ。発泡ボディの一体成型ウィングはアクションの安定感・信頼性をがっちりキープ。タイニークレイジークロウラーあたりと比べると、ピチャピチャというかペチペチ音がナチュラルな感じではあります。でも、それでいて音はしっかり聞こえてくるという絶妙な塩梅。さらにサーフェイスクランクがごとく大きく忙しくボディを振って泳いでくる様はなかなか好感度高し。ウィングボディを考えるとフックを大きめにしてあげたほうがストライク率は上がると思うけど。

　もちろんこちらのグレムリンは光が当たる昼間に使ってもいいし、水に濡らすのはもちろんのこと、真夜中に喰わせるのはきっと得意なはず。但し、障害物に当てるのだけはまずい。素材・構造的にウィングが折れやすいんじゃないかなあ。それさえ気をつければ、きっと素直で愛らしい相棒となってくれることでしょう。

天才度 ★★★　B級度 ★★★★★
『映画みたいに分裂したらいいのに』度
★★★★★

一体どこに惹かれているというのか

BIPPIE
ビッピー

Gudebrod
［グデブロッド］70年代 ～ 80年代

ビッピー特有の表面の経年劣化は避けることの出来ない宿命みたいなもの。未使用品ですら大なり小なりなにがしかの変化を受けているはず。ボクはもう、ビッピーはそういうもんだと思ってるから気にしてないけど（笑）。

四角い紙袋の上をギュッと絞ったような不思議なカタチのこのお方、ビッピー。ガイドスレッド等でオールド好きにはおなじみ、グデブロッドの仕業なんですが、これ、とにかくその意図がわからないんですね。

　まるで往年のラリーマシンのホイールベースを連想させるがごとく、体長と幅がかなり近い。かといってラリーマシンのようにブンブンと動き回るんでもなし。確かにロッドティップで優しく柔らかく操ってあげればプワン、プワンとカラダを振るものの、大きく尻下がりのわりにはあまりにもメリハリに欠けた繊細すぎるその動き。もしくは左右一杯に横切るクチ、というか"溝"でアタマを下げるようにパプンッと音を立てる。こっちは容易に出来ることは出来るんだけど…。

　もちろんこれだけの面積のクチだからガッパーン！もアリなのかもしれないけど、とてもそれがメインだとも思えんのです。なぜならテイルのプロペラの存在。先の繊細すぎる首振りでは水中のままだし、ほぼ移動しないポップアクションでも水面に現れることのない不思議なプラスアルファ。移動を抑えるためのものなのかなあ？キラキラさせるためのものなのかなあ？かろうじてタダ引きではシャラシャラ音を立てている感じだけど、強大な顔面のせいでまっすぐ泳ぐワケでもなく、かといって小刻みにプルプルするワケでもなく。ただ何かがやってくるだけという印象は否めない。

　でもね、こんなでも確かにバイトはある、あるんですよこれが。但し幅広ボディのせいかストライクまで至るのはごくわずか。リヤフックはいい感じで底に向かってぶら下がっているのになあ。

　でもね、グッと惹かれる不思議な何かがビッピーにはある。変なプラグはごまんとあるけど、ちょっと別次元の何かが働いているような、そんな気がしてならないのです。きっとボクはまだビッピーの真髄にたどりつけていない。だから、それを知りたいから投げ続けようと思う今日この頃でございます。

恐ろしく衝撃的な前方からのショット。こんな真四角ですよ。もはや小さなペヤングを無理矢理引いてるようなもんです（笑）。

原寸大

天才度　？
B級度 ★★★★★
『そりゃあ唯一無二の
ヘンテコリンだから』度
★★★★

171

叙情的な謳い文句と共に
TRIMER TRIPLE DIVER
トリマー・トリプルダイバー
Yo-Zuri
［ヨーヅリ］80年代

　独自性あふれるヨーヅリのプラグはどれも楽しげ。送り手側も楽しんでいる、そんな様が伝わってくるようで、ボクらもワクワクしたのは本当に本当。このころの広告は複雑怪奇なシステムや性能を高らかに謳うだけの即物的なキャッチコピーより、「魚たちの息づかいが聞こえそうだ…」という期待感を抱かせる、空間・シチュエーションを連想させる叙情的なコピーが多かった。釣りにロマンを抱けるいい時代だったのかも。

　そんななか、ヨーヅリがアイディアを凝らしたオリジナル性溢れる製品をと誕生させた、アタックルというブランドのウニョウニョ多連ジョイント、トリマーシリーズ。今でこそ珍しくないけど、当時はボクら的に夢だったんですね。技術的には十分でも、コストの問題なのか多連ジョイントは少数派だったワケです。

　さてこのトリマーシリーズ。写真のものはトリプルダイバーというモデルで、他にシャローリップのトリプルミノー、メタルリップのディープタイプ、トリプルマグナムの3種、それぞれフローティングとシンキングが存在。

　…と、ここまで語っておきながらオレンジのトリプルダイバー、実は発表時のトリマーシリーズとは少し体裁が違う。カタログ写真や下のグリーンはジョイント面が垂直だけど、コイツのジョイント面は斜めなんですね。元開発者の方に聞いたところ、カタログモデルは開発途中で撮影することもあるし、販売途中で改良されたかもしれないし、したがって後継シリーズの可能性もあると。だからひょっとしたらこれ、トリプルダイバーなのは間違いないんだけど、トリマーシリーズじゃないのかも。間違ってたらゴメンね。

グリーンの方は上がボールジョイント。当時のヨーヅリの得意ワザだね。

天才度 ★★★　　B級度 ★★★★
『買う前から心の中で何度も泳がせた』度
★★★★★

一見無愛想なソリッドカラーのペンシルベイト。かろうじて細かいラメが入るあたり逆に凄みを感じさせるんですが、よく見りゃアゴ下に大きく飛び出た赤いワンアイが(驚)。ウッドアイ・ルアーズというところの水面一つ目妖怪ギロギロ、スウィズルスティック。

　オリジナルザラスプークをほんの少し痩せさせたようなプロポーションで、浮き角はやや尻下がり。したがってダイブはちょっと難しいものの、過不足なくウォーキング・ザ・ドッグをこなし、ロールを伴うアクション中に例の目玉がグルン、グルンと睨みを利かす(笑)。ウッドボディの水絡みもあり印象はいい感じ。メーカーによるとどうもファーストザラの動きを意識した、てなことを言ってるみたいだけど…。

　そしてこの目玉、真っ赤ならばまだスッキリするんだけど、半透明のドームの中がボヤッと赤く、それが不気味さに輪をかけている。加えてさらにさらに、実はもうひとつ特徴的なアピールポイントが。それはね、このブラックボディが全面ラバーコーティングなんですね! つまり

ラジオペンチの柄を想像してもらうとピンとくるかと。これは個人的にはなかなか効果あると思います。ソフトベイトを使ってて、フックアップしていないのにボートっぺりまで咥えて上がってくるヤツがたまにいるでしょ? バークの一連のラバーボディには及ばないまでも、やはりバスの噛んだ感覚は違ってくるのではないかと。

　パッケージ裏の簡単なリペア方法や「送ってくれれば直すよ」的な文言には売りと自信。歯応え、そして水面下に向けての大きな目玉アピール。そこにはケレン味なんぞかけらもない、機能優先の確固たる作り手の姿勢が垣間見えるワケで、ここまでくると逆に惚れ惚れとしてしまう。カラーバリエーションは7色あるみたいで、こうなってくるとちょっと見てみたい。ボヤッとした目玉は赤以外もあるのかなあ? 黄色あたりの派手なボディだと、不気味さ不足でガッカリしたりするのかなあ?(笑)

天才度 ★★★　B級度 ★★★★★
『水面フェティシズム』度 ★★★★

魅惑の
ラバーボンデージ
SWIZZLE STICK
スウィズルスティック
Woodeye Lures
[ウッドアイ・ルアーズ] 90年代

喰らえ、
必殺サウンドチャンバー！
POP'N TICK
ポップンティック
Lee Sisson Lures
[リー・シッソン・ルアーズ] 90年代

　バグリーのチーフデザイナーを経て自社ブランドを立ち上げること30年ほど前、一時期ヘドンやフレッドアーボガスト、果てはバスプロショップス等へのOEMを精力的にこなし、アドバイザーとして再度バグリーに戻るという、クランクベイト使いにはお馴染みのそのお方、リー・シッソン。

　そんな彼が独立直後に自社ブランドよりリリースしていたルアーのひとつ、ポップンティック。細いテイルを持つほうはジョインテッドという名がアタマにつく。一時期ヘドンで売られたティッカーや、神経質な超極細ミノーメイトのボディにすら封入された、左右に振れる"ティッ

カーサウンドチャンバー"なるチューブラトルと、その特徴的な塗りから間違いなくシッソンの手によるプラグだと確信。でも当時のカタログに出会うまではどうしても名前がわからなくてね。

さてさて、浮かぶ姿はというとストレートはやや尻沈みでハードウッドらしい硬く浅めなポップ音。ジョインテッドはテイルが完全に落ち、ボディの沈み具合・浮き角も深め。こちらはもう少しポッパーらしいサウンドを放つ。

じゃあタダ引きはというとほぼ上下等しくカットされたクチと、売りとなるティッカーサウンドチャンバーのラトルが左右どちらかに傾くおかげで不規則な感じは否めない。ジョインテッドはウネウネするぶん泳いでる感はあれど、倒れる頻度はストレートのほうがより顕著。もしかすると泳がせようと思ってはいけないのかもしれない。ひょっとしたらこれに限っては上下や縦方向のラトルの入れ方でもよかったのかもなあ。でも、これでもいいんだとボクは思う。元々リップを備えてキッチリ泳ぐ体裁ではないんだもの。ヨレヨレ、フラフラのウニュウニュでいいんだ。パックリ顔の可愛い表情があればそれでいい（笑）。

しかしポッパーなのにクランクベイトで名を馳せるシッソンだとわかる体裁はさすが。画一的な、どこの者ともつかないルアーは寂しいからね。

原寸大

ジョイントモデルのシッポの不均一さを見てわかるとおり、まあまあ個体差はある。それでも表情や雰囲気でほだされてしまうのは、惚れた弱みなのか。

天才度 ★★
B級度 ★★★★★
『元々シッソンは
個体差によるところが
大きいのであった』度
★★★★★

見た目はアレ。
名前はアソコのソレ。
HELL HOSS
ヘルホス
Witch Doctor Lure Co.
［ウィッチドクター・ルアー・カンパニー］年代不明

ラインアイは水平が正しいのか、ただ曲がってるだけなのかはナゾ（笑）。見たところほぼほぼ90度なので、もしかすると数少ないこだわりポイントなのかも？？？

原寸大

List $1.35

BOLTON AVENUE
ALEXANDRIA, LOUISIANA

一見してわかるのはそう、皆さんご存じのアレ。スミスウィックのデビルスホースじゃああありませんか。いや、じゃなくてデビルスホースじゃないじゃないですか（笑）。

本家本元スミスウィックは大戦後間もなく誕生し、ファーストリリースがデビルスホースなことと、パッケージングの体裁から見てもこちらを後発と考えるのは至極当然。ボクらがオリジナルだと思っていたルアーが、実は大昔に買収し後で看板ルアーとなったパターンが数多くあるんですが、いいとこ微妙なとこ取りのコイツにそれは当てはまらず。ただその臆面のなさと、

でも悪くないセンスは、ボクの所有欲をくすぐるどころか両開きのアムコで後頭部を殴られたかのような衝撃（笑）。

まずルアー本体はリグに至るまで完全にデビルスホースを意識。かろうじてオリジナルのゲイラカイトのような目は外し、それでも隈取り表現とやや下をにらむ位置取りを外さないその根性（笑）。そしてネーミングに至ってもデビルスホースにかぶり気味に当てるヘルホス。"悪魔の馬"に対し"地獄のホスさん"（笑）。そしてメーカー名はナゼかウィッチドクター・ルアー・カンパニー。これ、すぐにレスデイヴィスの同名ルアーを思いつくんですが、魔法使い、妖術師といった意味合いから徹

底した地獄のイメージを貫きたく拝借したのではないかと。もうこの姿勢には完全にお手上げ、大降参。その一方でそこまで貫いていながらホスさんのイラスト、まあまあ愛嬌のある肩すかし感に思わずニヤケてしまいます（笑）。

　そして今回ひとつだけホッとしている点。それは奇跡のパッケージ入りだということ。これ、裸での入手なら本当になんだかわからなかっただろうから。ただのパチモノで済ましてしまうところだったからね。…あ、パチモノはパチモノか（笑）。

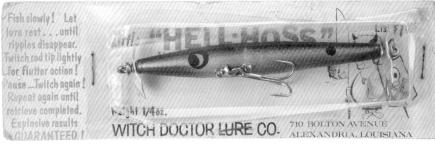

下向きの目も明らかにデビルスホース由来。ただ、ただね、隈取りを楕円にせず、全て真円にしたのはほんのひと握りの意地か。それとも単に面倒だからなのか。もう全てが興味深くって仕方ない（笑）。

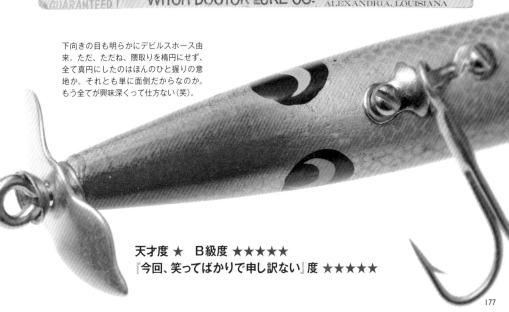

天才度 ★　B級度 ★★★★★
『今回、笑ってばかりで申し訳ない』度 ★★★★★

選択の理由はどこに？
SHADLING &
BAITFISH
シャッドリング＆ベイトフィッシュ
Lindy Little Joe
［リンディ・リトルジョー］80年代～90年代

　おそらくこの限りではないであろう豊富なバリエーション、とでも言うべきか。リンディ・リトルジョーのシャッドリング＆ベイトフィッシュ。ラウンドリップに抑揚のあるボディラインがシャッドリング。スクエアリップに直線的なボディを持つほうがベイトフィッシュ。バスプロショップスのカタログに掲載されていたから見覚えのある方もいるかも。でも、大多数の方はどっちがどっちかはっきり認識出来ていないのでは。ボクもね、たまに怪しくなっちゃう。

　で、この２タイプ。一体どれほどまでに違うのか。シャッドリングに至っては、同寸なのによ～く見ないとわからない微妙なリップ違いモデルや、さらにタイニーサイズはボディがシャッドリングタイプなのにスクエアリップ、ビッグサイズはストレートボディなのにラウンドリップ

という、自らのフォーマットを完全無視するかの傍若無人ハイブリッド（困）。

　もちろん開発サイドの胸中には思惑とこだわりが渦巻いているはずだし、説明を聞けばなるほどと思えるに違いない。でもボクら的には使い分けに困ってしまう両者なのも事実。レンジのかぶっている同サイズの２つを投げ比べてみるも、シロウトのボクに明確な違いは説明出来そうもない。もっといろいろなシチュエーションで投げ比べてみるべきなんだけど、わかりやすく手に取らせるのも実力の内だとボクは思う。同一メーカーの近しいモデルはいろいろと買い手を迷わせる。ああ、出来ることなら聞いてみたい、どういった経緯でこの両者や微妙な違いのモデルが存在するのか。わざわざ出すんだから、もんのすごい理由が隠されているはず。いや、そうじゃないと困っちゃう（笑）。

天才度？　B級度 ★★★★
『自慢のルアーの親族祭』度 ★★★

模倣の数は
人気のバロメーター
GLEAM LADY
グリームレディ
Yo-Zuri
[ヨーヅリ] 80年代

海千山千のフォロワーブランドが必ずと言っていいほど通る道、それはヘドンが誇るソニックシリーズ。当然、他にも名だたるバイブレーションは星の数ほどあるんですが、ボクが思うにこの背ビレは記号的な魅力に溢れていたのではないかと。つまりわかりやすいカッコよさ。この率直な印象は必ずや売り上げに直結するであろう、きっとコピー対象を選定する担当の誰もがそう思ったに違いない。それでいてもちろんオリジナルは釣れるプラグなんだから飛びつくのも無理はないよね。いずれにしろソニックのフォロワーもまた星の数ほど現れ、完全網羅は途方にくれ、至難のワザとなるワケです。

そんななか、ちょっと面白い存在なのがこのヨーヅリ・グリームレディ。ボクの記憶ではカタログアナウンスはあったものの、おそらくは販売に至らなかったモデル。このカタログ写真のシリーズ中、いくつかはOEMにて日新釣具より販売されていた形跡はあるものの、こちらではソニックタイプの存在は認められず。もちろんボクが気がつかなかっただけでしっかりとヨーヅリ本家から販売されたのかもしれないし、もしかしたら日新釣具のラインナップにもあったのかもしれない。仮定の話ばかりで本当に申し訳ないんだけど、今のところボクの力不足で情報はここまで。間違っていたらゴメンなさい。

さて、写真の個体はカタログカラーとは異なるものの、ドールアイは同一、入っているパターンの酷似性など、まずグリームレディとしても間違いはなさそう。さらにフックはついておらず、よく見ればいくつかのアイはペイントで埋まっている状態。つまりこの個体、未使用品というより製品以前の可能性が高い。となると販売されなかった疑惑にますます拍車がかかっちゃうんですが、本当のところはどうであれ、時折こんな物が出てきてしまうところもバスフィッシングの魅力のひとつ。どんどん深みに落ちていくんです、…バイブレーションだけに(笑)。

天才度 ★　B級度 ★★★★★
『どっちにしろ大事大事で使えない』度
★★★★★

その名のとおり愛らしい全長60mmほどの小さな体躯と、泣き声をあげるためにあつらえた不釣合いとも思える大きなプロペラ。そしてこの手のタイプには珍しいワンフッカー＋デコラティブなスカート。何かひとクセありそうなウッド製の号泣赤ちゃん、オルベンズベイト、クライベイビー。

分度器で測ってもらっても構わないくらいのまごうことなき垂直浮き。そうだなあ、ボディの1/3ほど水面から出して浮くんだけど、思ったより鈍重な感じはしない。ピョコピョコするのは得意中の得意だし、大きなペラのおかげで派手なスウィッシュ音をたてるのはもちろん、スキップ＆ジャンプもこなす。さらにさらに、「スローに動かしてラバースカートをゆらゆらさせることによりビッグバスを誘い、重心の恩恵でナイスなキャスタビリティの、これは新しいコンセプトのルアーなんだよ（意訳）」…てなことがカタログに書いてある。いわれてみれば確かにあまり見ないタイプかもしれないね。

最初は単純にひと口サイズならリアフック1つでいいや、くらいのものかなあ、なんて思ってたんだけど、浮き角と口上を読んだら俄然興味湧いてきちゃった（笑）。決して普遍的なタイプではないけれど、それでも垂直浮きに近いプラグはいくらでもある。つまりそこからほんのちょっと特化したら面白いものになるんですね。

あ、入手時にオリジナルのスカートはついていない状態だったので追加しています。一体どんなオムツ、…じゃなくてスカートがついていたんだろうね？？？

泣かせて釣ろう、
ビッグバス

原寸大

CRY BABY
クライベイビー
Ol'ben's Baits
［オルベンズベイト］70年代

天才度 ★★
B級度 ★★★★
『赤ちゃんの泣き声は
バスも癇にさわるのか？』度 ★★

本物の幽霊、偽物の幽霊
GHOST
ゴースト
The Produsers
[ザ・プロデューサーズ] 80年代～2000年代

アメリカ本国でも"Cheap"というワードがついて回る、いわば横文字コーモラン、ザ・プロデューサーズ。あ、コーモランも横文字か。とにかくそのラインナップの九割九分がコピーで、全くそのままの物もあれば、例えばラトルトラップのフィンだけを外したちょいとアレンジ系、大枠はトレースするも一応は自社デザイン系と、その基本姿勢を気持ちいいほど貫く。我が国にもおそらくとんでもなく安価で入れられていたはずで、ボクんちのほうでは赤虫や雑魚ザオの置いてあるようなタバコ屋さんでも数百円で売っていたという、少年たちの心強い味方でした。

そんなザ・プロデューサーズ。先の調子でいけいけラインナップだったおかげか、今でも魅力的に感じるモデルがチラホラと。このゴーストもご覧のとおり、一発でザラスプークのフォ

ロワーとわかる風体。リグをエイト管に置き換えコストを抑えつつも、リアフック位置にトレース根性を強く感じるワケで。そもそもネーミングからして臆面もなくスプーク（幽霊）にぶつけてきているんだから、今さら言い訳なんぞ利かない、いや、言い訳なんぞするつもりもない大上段からのリリースだし（笑）。

但しこのゴースト、オールドのザラⅡよろしくゴトゴト系のラトルを備える業師。本家よりやや腰を沈める体裁は、本家よりやや足の長いスケーティングを実現。ボクの好みはこっちのほうで、使っていて実に気持ちいい。もちろん食いっぱぐれの多い時は少し抑えて相応の振り幅に出来るし、ペンシルベイトとして必要な器量は十二分に備わっているのではないかと。

ちなみにこの個体は80年代のオールドで、90年代半ば頃からご多分に漏れずそっけない塗りとシール目になってしまう。このクラシカルな塗り、今見ると本家に負けず劣らず趣きと迫力があっていいなあ、と感じるのはボクだけかなあ。この雰囲気、とても数百円のそれではないもの。

天才度 ★★　B級度 ★★★★★
『Ghost? Spook? Phantomは?』度 ★

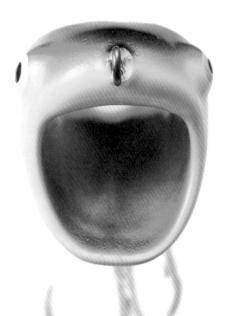

なんでも飲み込みそうな
大きいクチから背中に
かけてバースのついた
ウォータースルーが通
る。その規模はチャグン
スピットの比ではない。
しかしこのアングルから
見ると本当にホラー映画
の世界。もしくは水中ム
ンクの叫び（笑）。

ニルズの不思議な味

BIG MOUTH

ビッグマウス

Nils Master ［ニルズマスター］2020年現在

原寸大

　フィンランドといえばラパラ。釣り人10人いれば12人くらいは名前を挙げると思う（笑）。しかし忘れてならないのは、たまにトンデモルアーを出してボクらを狂喜乱舞させてくれるもうひとつの老舗、ニルズマスター。明らかにラパラとは別の、いわば味わい深い有機的ラインは唯一無二。例えば我が国のルアーは売れ線を目指すあまりギュッとひとところに収まり、ネームロゴを見ないとどこのルアーだかわからないこのご時世。そんななか、未だ個性をキープ出来ているのは、お国は違えどアタマが下がる。

　それにしても一体これはなんだ。でっかい22gとちっちゃい6gの両極端なサイズ展開は、10〜18gくらいのちょうどいいサイズを完全無視。もうこれだけである種の狂気を感じるんですが（笑）、バスは眼中にないのかと思ったらメーカーHPでバスにも最適って言ってるんですよね。

　ついでによく読んでみると、「特異なオープンチャンネル構造は流体力学的に生きたサカナを完全模倣し、水が抜けるウォーターサウンドも相まって、極めてチャンピオン的ルアーになり

ます（意訳）」てなことが。パッケージにははなからシンキングと文字があるので、ガッカリすることなくスローに沈んでいくところをリトリーブ。おお、これは極めてまとも。むしろナチュラルな泳ぎ？　売り文句の流体力学的かつ水流音効果は、正直、引いた限りじゃボクにはわからない。これを証明するのはきっと釣果になってしまうんだと思う。でっかいほうはこれ以上ないくらい極太なジンクフックがついているので、マスタッドやイーグルクロウの#2あたりに替えてやると余裕で浮くようになるのは嬉しい。ただやっぱりトップウォーターミノーイングの要領で使ってみても見た目ほどのインパクトのある何かは起こらない。そう、これは科学的技術思想を駆使した最先端ルアーであるからして、シンプルに釣ることに長けているのだ。いや、長けているはずなのだ。

天才度 ★★
B級度 ★★★★★
『これが流体力学的なカオなのだ』度 ★

そうか、そうだったのか!
BABY'S RATTLE
ベイビーズラトル
Baby's Rattle Bait Co,
[ベイビーズラトルベイト・カンパニー] 年代不明

原寸大

上から見ると四隅いっぱいいっぱい、パンパンでムチムチの赤ちゃんみたいなダーター、ベイビーズラトル。ミルウォーキー発、少々古めなプラグは、メーカー名から察するに単発勝負だったのかおそらくはこのワンサイズのみ。ベイビーといいつつその体躯はまあまあ立派で、先のとおり体長75mm×幅25mmにいっぱいいっぱいなもんだから、ゆうに3/4ozを超える。本当の赤ちゃんで言えば4000g超えの健康優良児か(笑)。

ただ、使うボクらにとっては実にいい大きさで、大きめなラトルが放つガラガラ音はボディ材質も相まってその名に偽りなし。塗りは雑に筆でチョチョイ。目もポンポンのポンでね、ボディは生乾きのままアイをねじ込んだらしく、指紋がグルッとついていたりする。でも、不思議とその全てを好意的に受け止められるのは、名前だったりプロポーションだったり、さらには手に取った感じ、大きさ重さの塊感だったりして、この感覚をうまく伝えられないのはとってももどかしい。とにかく"これがベイビーズラトルなんだ感"とでも言ったらいいのかどうなのか(笑)。

肝心のアクションはというと、強大な浮力によるキックバックと可愛いクチからのポップ音。ラインアイの位置のせいか、規則正しく泳ぐことは数あるダーターの中でも苦手な類だけど、ウニョンと身をよじらせ間髪入れずピョコンと浮かぶ様は好印象。そして大きく轟いた後に長く余韻を残すラトル音は、さすがに売りとするだけあってちょっと感動的。

でね、カタログ文をスキャン翻訳してる時にたまたまルアー名を写したら"赤ちゃんのガラガラ"だって。そうか、そうだったのか。ベイビーはサイズじゃなかったんだね。どうりでワンサイズなワケだ。

天才度 ★★★★　B級度 ★★★★
『本当にガラガラから思いついたのかな?』度 ★★★

ンジングはあくまで副産物みたいなもの。ラインを装着するワイヤの根本がボール状の可動式で360度どの方向にもフリー。したがって通常のラインアイと比較するに動きの自由度が高いでしょ、ってことらしい。でもこれ、正面から見れば一応360度滞りないフリーなれど、可動域自体はスナップより明らかに狭い。でも実際スムーズに泳いでたし、効果あるような気もしてきた（笑）。いずれにしろアクション重視のシステムだったのは驚き。

さらに驚くべきはこのラインアイシステム部のみのコンバージョンキットが存在したいうこと。声高らかに「君のボックスのルアーを全部DDEにしちゃおう」ですと。そう言われたら全部したくなっちゃ…わないか、やっぱり。

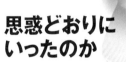

極めてオーソドックスなボディと、それとは裏腹に複雑怪奇なラインアイ。そしてこれこそがキモ、というかこれがために異端。そそる謎のクランクベイト。デッドリーダブルアイ（DDE）。どうもルアー名というより、どうやらラインアイシステム自体の呼び名らしい。以前、ラインを結ばなくてもルアーチェンジが可能、という話は聞いていたんです。その友人がパッケージを所持しているとのこと。で、早速ひも解いてみると…。と、その前に。ちなみにボディはビルルイスのリトルL。さらにビッグLベースも存在するんだけど、塗りのちょっとした雰囲気なんかは隠しきれないもんですね。

で、ようはライン先にループを作り、チョチョッと通すだけでルアーチェンジOK、ってな具合。でも、結局はループを結ばなきゃならないワケだし、スナップ結んで使うのと手間的にどう違うの？などと思ったんですね。

実はこのラインアイの売り、聞いていたチェ

思惑どおりにいったのか
DEADLY DOUBLE EYE
デッドリーダブルアイ
Loop a Line Inc.
[ループ・ア・ライン・インク] 80年代

天才度 ★★★★　B級度 ★★★★★
『DDE化とスナップ代、
天秤にかけてみる？』度 ★★

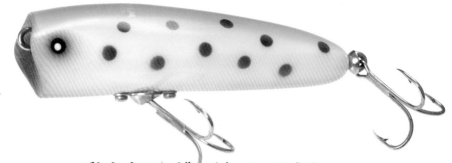

私たちの、どこがヘンですか…

WEDGE POP
ウェッジポップ

Adonis ［アドニス］2000年代　原寸大

D: こんばんは！　今宵もFMジェットストリームアタックのお時間がやってまいりました。司会は毎度ワタクシDabと…

ク: こんばんはー、いつも元気いっぱい、アシスタントのアドニス・クラッパーです！

D: 今回紹介するのはウェッジポップ君。クラッパーはよく知ってるよね？

ク: そうそう、ワタシたちファミリーだから彼のことはよく知ってるよ。

D: 前から思ってたんだけどさ、君らアドニスファミリーって一貫してエキセントリックだよね。ただひたすらぶれることなく。

ク: う～ん、それたまに言われる。よくわからないけど、ワタシはまだおとなしいほうだと思うな。

D: いやいやいやいやクラッパー、君が一番エキセントリックだから（笑）。

ク: えええええーっ、そんなことないよ！

D: ウソウソ、そうだね。まだおとなしめなのか

もね（笑）。でもさ、これってホントすごいこと
だと思うよ。ひとつふたつ強烈なものを出すこ
とは出来ても、ファミリー全員例外なくそれを
貫くのはなかなか難しい。ひと目でアドニスと
わかる個性的な、そして機能も狙いも想像出来
るデザイン。クラッパーのボスは稀有な才能の
持ち主だったに違いない。

ク：なんか褒められてるのかけなされてるのか
よくわからないけど、まあいいか（笑）。

D：ところでウェッジポップ君って見た目とん
がってるけど、実際はどんな感じなの？

ク：そうだなあ、一見ものすごい音出しそうだけ
ど、実は意外とナチュラルというか。仕草やポッ
プ音はさりげない感じ？

D：へえ〜、意外だなあ。スクエアボディだし、
あんなに口角を立てて激しそうなのに人は見か
けによらないね。

ク：そうそう、その口角を水につき立てるよう
な感じで首振りもすっごく上手いよ。飛沫もね、
オデコらへんから出るし。

D：そうだよね！　あのカップならそうなるよ
ね！　やっぱりエキセントリックだなあ！

ク：なんだかDabさん嬉しそうね（笑）。

D：そりゃそうだよ、もし自分がルアーならアド
ニスファミリーに入りたいもん。

ク：ワタシの仲間になるの？　いいねいいね！

D：…ん？　そうか、そうなるのか。それはちょっ
とアレだな。考えなおそう。

ク：えーっ、なんで？　アレってどういう…。

D：というワケで、逃げるように時間が来てしま
いました！　お送りしたのはワタクシDabと…

ク：ちょ、ちょっと待ってよ！　こんな終わり方
許さないんだから〜！

D：それではまたお会いしましょう、See you
Next B列!!（笑）

その名のとおり、どこか
ら見てもまさにくさびの
ような体躯。横方向の口
角が飛び出したいわゆる
"クチビル"は、ポッピン
グもさることながら、首
振りにも大きく影響して
ると思われ。

天才度 ★★★★
B級度 ★★★★★
『キレッキレなのにさりげない人』度 ★★★★

187

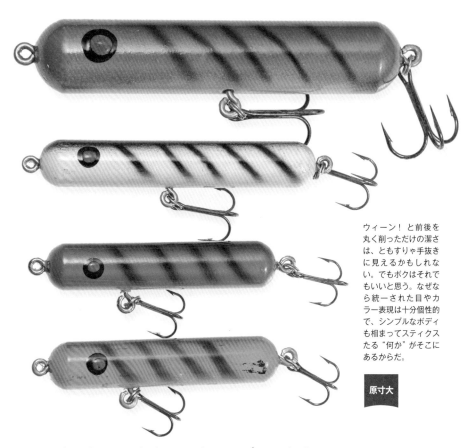

ウィーン！と前後を
丸く削っただけの潔さ
は、ともすりゃ手抜き
に見えるかもしれな
い。でもボクはそれで
もいいと思う。なぜな
ら統一された目やカ
ラー表現は十分個性的
で、シンプルなボディ
も相まってスティクス
たる"何か"がそこに
あるからだ。

原寸大

ペンシルベイト？ シンプルベイト！
FISH STIX
フィッシュスティクス
Tight Lines Inc.
［タイトラインズ・インク］年代不明

誰もがこだわるボディシェイプはどこへ
やら。アタマからオシリまで見事なまでに寸
胴の、シンプルさもここまでくるともはや
天晴レベル。果たしてこれは潔さなのか、面
倒くさかったのか、それとも常人にはうかが
い知れぬ何かが隠されているというのか、一
体どれなんだ。照れくさそうにバスを掲げる
フリッツおじさんのフィッシュスティクス。

　見てのとおり丸い棒の前後を単に丸めた
体躯は至ってシンプルで、棒の長さと棒の
太さでサイズを決める。これは製造工程もシ
ンプルなのは必至。しかも加えて驚くべきは
ノーウェイトなんですね。キング・オブ・シ
ンプルベイト（笑）。したがって平行浮きな
ワケで、一発目のアクションのきっかけは着
水時のアタマの向き次第。かろうじてどちら
かへ向く時もあれば、気持ち斜めにやってく
るかもしれないし、ツーンとまっすぐだった
りとにかく気まぐれ。100mm程度の一番大
きなヤツはフックも大きいせいか、多少尻下
がりでまだ動かしやすいんだけれど…。ただ
ね、連続トゥイッチでは次第に首を振り始
める。これはきっとワンアクション、ツーア
クションときっちり動かして釣るというよ
り、チャカチャカウニョウニョ引いてくるプ
ラグ。ザラファミリーの末弟、ザラポーチな
んかちゃんと動いていないのにバンバン釣っ
てしまうもんね。まあ、あれはサイズ的な要
因もあると思うけど。

　さておき、パケ裏にはスローリトリーブ
もいいとS字系の動きを表したイラストが
載っているけど実際は、…I字系だよなあ（困）。
もちろんそれで釣れるんだろうし、もしかす
るとシーバスのバチ抜け時なんかにも効くの
かもしれない。いずれにしろこの度を超えた
シンプルさ、鼻で笑う者もいれば何か引っか
かる者もいるはず。えっ、ボクですか？　そ
りゃあ決まってるじゃないですか（笑）。

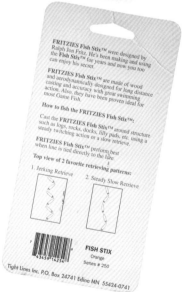

天才度 ★★　　B級度 ★★★★★
『初めはフリッツおじさんの
適当な手製プラグの予感』度 ★★★★

　北中南米で好きなルアーアンケートを取れば、まず間違いなくランキング入りするメイド・イン・ジャパン、ケンクラフトの今は亡きケンスティック。海外の実釣主義マニアたちの多大な支持を得て、多くのメーカーはその存在を否が応にも意識。結果、雨後のタケノコがごとく数々のフォロワーが登場することとなる。

　そしてあのマンズもご多分に漏れず追従していたのは少々驚いた。おそらくは早くて90年代後半くらいのものだと思うんだけど、日本にマンズの正規代理店がなくなって久しい時期。したがってこのディスコ・ドウグも我が国に入るルートは稀で、ボクもついぞ最近その存在を知った次第。

　もちろん完全なコピーというワケではない。ただ、ボディシェイプやエラの意匠に差異はあれど、サイズ、浮き角、ラトル音、性格等、間違いなくケンスティックを意識しているのは火を見るよりも明らか。すでにフォロワーが猛烈にひしめくなか打って出たのは、リスクを負ってでも無視出来ぬ大きな存在だったからではないか？　ケンスティックと同ブランクのフェニックス・アレックスフォースにすら失格の烙印を押し、ケンスティックを手に入れるならどんな方法もいとわないと臆面もなく言い放つ、激しくセレクティブな海外マニアを唸らせることは果たして出来たのか？

　もちろんあれから相応の時間が経ち、日夜邁進し続けるたくさんのメーカーによって次々と新しいルアーが送り出されるなかで、ケンスティックの今の立ち位置がどのようなものかボクにはわからない。でも、あのマンズが当てにいった事実はここにあるし、その結果に興味津々なのであります。あ、そうか！　ならば自分で釣り比べてみればいいのか。他のフォロワーも用意してやってみたら面白いかもしれないね。但し、ひたすら同じようなルアーを投げ続ける甲斐性がボクにあるのかどうか。そこが一番の問題だったりしてね（笑）。

大御所、無視出来ず
DISCO DAWG
ディスコドウグ

Mann's Bait Co.
[マンズベイト・カンパニー]
90年代後半 ～ 2000年代

マンズといえば青いバケのイメージだけど、黄色は既存のイメージと全然違ってなかなか新鮮な感じ。例えればアウェーのユニフォームみたいな？

天才度 ★
B級度 ★★★
『圧倒的で顕著な差も見てみたい』度
★★★★

前著の弐から12年、まさかのまさかの参が出てしまうとは
やっぱり夢にも思っていませんでした。
いつも読んでいただいている皆さんのおかげ、
いつも助けてくれる皆さんのおかげ、
そして『Basser』の、つり人社さんのおかげだと、
巻末より心から感謝申し上げます。
これだけの長い年月を経るといろいろなことがありますが、
それでも未だ釣りに行くたび、ルアーを投げるたび新しい発見があって、
ボク自身、相変わらずB級ルアーを楽しむことが出来ている。
本当に幸せなことだと思っています。
そして。いつもの釣りもそれはそれは素晴らしいと思いますが、
魔がさして買ってしまったルアー、誰がどう見てもヘンテコリンなルアー、
釣れそうもないって初めから決めつけてしまっているルアー、
たまにはボックスの片すみにでも入れてやってください。
どうかスタートラインに立たせてやってください。
もしかしたら一軍入りを決めて
アナタの必殺必釣ルアーになるかもしれません。
自分だけの秘密兵器を見つけて一緒にほくそ笑んじゃいましょうよ。
大事に愛でるのもそれはそれでいいですけど(笑)。
最後に。いたらぬ点は多々ありますが、
B級ルアー列伝を読んでいただき
どうもありがとうございます。
重ね重ねになりますが
この本に関わる全ての方々、
どうもありがとうございます。

Dab

● 著者プロフィール

Dab ダブ

第一次ルアーブームよりスポット
ライトを浴びることのないルアー
を少年期から愛し、2000年に"B
級ルアー列伝"なるHPを立ち上
げる。以後、マイナールアーを好
き勝手に応援しつづけ各方面に展
開、現在に至る。著書に『B級ル
アー列伝』『B級ルアー列伝 弐』
(共につり人社)

● 装丁・本文デザイン・構成:
Dab Design & Development
● 写真:新田顕脩・Dab

B級ルアー列伝 参　135の兵たち
2020年7月1日発行

著　　　者　Dab
発 行 者　山根和明
発 行 所　株式会社つり人社
　　　　　〒101-8408 東京都千代田区神田神保町1-30-13
　　　　　TEL 03-3294-0781(営業部)
　　　　　TEL 03-3294-0766(編集部)
印刷・製本　図書印刷株式会社